Friedrich Nietzsche

Mit Nietzsche die Langsamkeit entdecken

W0301777

Herausgegeben von
Hans-Joachim Neubauer

HERDER

FREIBURG · BASEL · WIEN

Gedruckt auf umweltfreundlichem,
chlorfrei gebleichtem Papier

Originalausgabe

Alle Rechte vorbehalten – Printed in Czech Republik
© Verlag Herder Freiburg im Breisgau 2006
www.herder.de
Satz: Dtp-Satzservice Peter Huber, Freiburg
Druck und Bindung:
Oldenbourg Taschenbuch GmbH, Kirchheim 2006
Umschlaggestaltung und Konzeption:
R·M·E München/Roland Eschlbeck, Julia Wolf
ISBN-13: 978-3-451-05710-6
ISBN-10: 3-451-05710-7

Meinen Eltern

„Ganz See, ganz Mittag,
ganz Zeit ohne Ziel."

Inhalt

Einleitung

Du liefst zu rasch:
Jetzt erst, wo du müde bist,
holt dein Glück dich ein.

FRIEDRICH NIETZSCHE

Geht das, mit Friedrich Nietzsche die Langsamkeit entdecken? Nietzsche ist alles Andere als ein geruhsamer Philosoph. Angriffslustig, wendig, polemisch streift er durch die Geschichte und die Gegenwart, wechselt Tempo und Stoßrichtung. Widersprüche scheut er nicht. Er hat viele Gesichter, und es scheint, dass sie mit jedem Werk wechseln. Sein Denken, zumindest das, was seine Bücher, Vorträge, Essays und nachgelassenen Fragmente uns davon berichten, kann nur begreifen, wer seine Widersprüche akzeptiert. Manche seiner Bücher sind historische Analysen, andere treten als Traktate an, wieder andere kommen als bissige Polemiken daher, weitere prägt ein hymnischer Ton; sogar gedichtet hat Nietzsche. Nichts liegt ihm ferner als eine systematische Philosophie im Sinne Kants oder Hegels, und auch um der „Wahrheit“ willen muss man ihn nicht lesen: „Wir würden uns für unsere Meinungen nicht verbrennen lassen“, schreibt er in „Der Wanderer und sein Schatten“: „wir sind ihrer nicht so sicher. Aber vielleicht dafür, dass wir unsere Meinungen haben dürfen und ändern dürfen.“

Beweglichkeit ist wichtiger als Kohärenz. Soll da ein Autor, der seine Denk- und Schreibarbeit auch als eine künstlerische begriff, immer derselbe bleiben? In der Vorrede zur zweiten Ausgabe seiner „Fröhlichen Wissenschaft“ hat Nietzsche eine Antwort auf diese Frage notiert: „Ein Philosoph, der den Gang durch viele Gesundheiten gemacht hat und immer wieder macht, ist auch durch ebenso viele Philosophien hindurchgegangen: er kann eben nicht anders als seinen Zustand jedes Mal in die geistigste Form und Ferne umzusetzen, – diese Kunst der Transfiguration ist eben Philosophie. Es steht uns Philosophen nicht frei, zwischen Seele und Leib zu trennen, wie das Volk trennt, es steht uns noch weniger frei, zwischen Seele und Geist zu trennen.“

Der Leib, die Seele, der Geist: Immer wieder und mit Sinn für Pathos durchstößt der Antisystematiker Nietzsche die Grenzen zwischen diesen Grundkategorien der menschlichen Person. Es gehört zum Stil seines Philosophierens, Seele, Leib und Geist ständig aufeinander zu beziehen. Die biographischen Gründe dafür sieht er selber in der Krise seiner anhaltenden Krankheit. Gezwungen, seine Lehrtätigkeit 1879 einzustellen, von Kopfschmerzen, Anfällen und Erbrechen geplagt, kann der Syphilitiker Nietzsche dem Einbruch von Langsamkeit in sein Leben nichts mehr entgegensetzen: „Die Krankheit gab mir insgleichen ein Recht zu einer vollkommnen Umkehr aller meiner Gewohnheiten; sie erlaubte, sie gebot mir Vergessen; sie beschenkte mich mit der Nötigung zum Stillliegen, zum Müßiggang, zum Warten und Geduldigsein ... Aber das heißt ja denken!" Erst als Kranker, so zumindest stellt es Nietzsche dar, wird er wirklich zum Philosophen: „Meine Augen allein machten ein Ende mit aller Bücherwürmerei, auf deutsch: Philologie: ich war vom ‚Buch' erlöst, ich las jahrelang Nichts mehr – die größte Wohltat, die ich mir je erwiesen habe! – Jenes unterste Selbst, gleichsam verschüttet, gleichsam still geworden unter einem beständigen Hören-Müssen auf andre Selbste (– und das heißt ja lesen!) erwachte langsam, schüchtern, zweifelhaft, – aber endlich redete es wieder. Nie habe ich so viel Glück an mir gehabt, als in den kränksten und schmerzhaftesten Zeiten meines Lebens (...)."

Das „unterste Selbst" zu entdecken, bedeutet, am eigenen Leib die Erfahrung der „Distanz" zu machen, der zentralen Kategorie seines Lebens und Werks. Krankheit entfernt vom Gesellschaftlichen, Krankheit isoliert und separiert den Kranken von den Gesunden. Dem Kranken schlägt eine eigene Zeit, eine andere als dem Gesunden; der Kranke, so erfährt Nietzsche, ist langsam. Doch das muss kein Mangel sein, im Gegenteil, Friedrich Nietzsche entdeckt und erkennt die Langsamkeit als eine auszeichnende Qualität. Sie schafft Abstand zum Lauf der Welt; sie verbürgt die Möglichkeit, die Dinge gründlich zu betrachten. In „Menschliches, Allzumenschliches" heißt es: „Bei tiefen Menschen wie bei tiefen Brunnen dauert es lange, bis etwas, das in sie fällt, ihren Grund erreicht. Die Zuschauer, welche gewöhnlich nicht lange genug warten, halten solche Menschen leicht für unbeweglich und hart – oder auch für langweilig." Was sie aber natürlich nicht sind. Im Gegenteil mangelt es der Moderne des neunzehnten Jahrhunderts an Bedachtsamkeit, an Widerstand gegen den Druck und die Zwänge des „Arbeitsmarktes". „Ich will den Menschen die Ruhe wiedergeben, ohne welche keine Kultur werden und bestehen kann", notiert Nietzsche schon 1876: „Ebenso die Schlichtheit."

Zum Glück für uns Leser kommen Nietzsches Schriften alles Andere als schlicht und ruhig daher, sondern überaus lebendig und geschmeidig. So sehr er die Langsamkeit lobt, so heftig drischt Nietzsche auf alles Gravitätische, Schwerfällig-Breite ein. Nirgends wird dies deutlicher als in seiner Kritik der Deutschen. Für Nietzsche sind die Deutschen und das Deutsche der Inbegriff der

Schwere, des Verstockten, Verhockten. Seine mit aller denkbaren Inbrunst und bisweilen sogar mit vegetarischen Gefühlen ausgefochtenen Kämpfe gegen die schwere Küche und insbesondere das Wesen des deutschen Kloßes sind keine Randbemerkungen, sondern kommen aus der Mitte der Verzweiflung. Ein „boshafter Gott", heißt es in einem nachgelassenen Fragment, gab den Deutschen „lauter Neigungen ein, mit welchen ein Volk die Türen auch für das Kommen des Geistes zuschließt": Enge, Muff, Bier und schwere, fette Speisen. Leib und Geist und Seele sind nicht zu trennen, um so schlimmer für den Esser Nietzsche: „Aber die deutsche Küche überhaupt – was hat sie nicht Alles auf dem Gewissen! Die Suppe vor der Mahlzeit (...); die ausgekochten Fleische, die fett und mehlig gemachten Gemüse; die Entartung der Mehlspeise zum Briefbeschwerer!" Der „deutsche Geist" kommt „aus betrübten Eingeweiden". Ob und wie diese Art von lastender Schwere, dieses kulturell-kulinarische Syndrom zu lindern, zu überwinden oder zu heilen sei, das gehört zu den großen Fragen, mit denen Nietzsche sich bis zuletzt kämpfen sieht. Tragisch, dass ausgerechnet ihn postum das triste Los ereilt, zum Herold des Deutschtums ausgerufen zu werden.

Ist also Langsamkeit gut? Ja, als Mittel gegen die Hast, nicht aber als hässliche Schwester der Schwere. Nur solange sie leicht ist, kann sie produktiv und schöpferisch wirken. Natürlich hat Nietzsche mit solchen Gedanken die Langsamkeit als philosophisches Sujet nicht erfunden. Solange über das Problem und Dilemma der Zeit gedacht und geschrieben wird, erscheint Langsamkeit als ein Weg, dem Druck des Lebens vor der Drohung des Todes standzuhalten. Die antike Peripatetik, die mönchische vita contemplativa oder die fernöstliche Meditation bilden Techniken zur Verlangsamung des Lebens durch ein Ritardando der Bewegungen. Im Rhythmus des gemessenen Gehens, in der Innigkeit des Gebets und in der gezielten Reduktion des Ichs öffnet sich zudem ein Raum der Reflexion. Philosophie ist von Langsamkeit nicht zu trennen. Als Lehre vom besseren Leben kommt sie aus dem Langsamen, und immer wieder gemahnt sie an ein individuelles, von Zweckfreiheit bestimmtes Lebenstempo.

„Nichts mehr zu schreiben, womit nicht jede Art Mensch, die ‚Eile hat', zur Verzweiflung gebracht wird." Was Nietzsche in der „Morgenröte" als sein Programm formuliert, erscheint uns auch heute sinnvoll und willkommen. Denn langsamer sind die Zeiten seither sicher nicht geworden. Die Frage nach der Langsamkeit ist von der nach dem richtigen Leben nicht zu trennen.

Weshalb aber wollen wir ausgerechnet mit Nietzsche die Langsamkeit entdecken? Nietzsche ist ein absolut moderner Denker, das heißt, er ist eben ein Kritiker der Moderne und ein radikaler Antiidealist. Mit Spott und Bitterkeit, manchmal heiter, sehr oft ungemein witzig nimmt er sich seine Epoche vor; nur wenig Gutes lässt er an ihr. Auch deshalb bereitet es Lust, ihn zu lesen. Er ist ein bezaubernder Stilist, ein Tänzer im Reich des Geistes, ein großer Polemiker und Humorist. Das Sujet der Langsamkeit entspricht ihm ungemein, erlaubt es ihm doch, historische, zeitkritische, ästhetische und elementar philosophische Fragen zu berühren. Und immer geht es auch um die leibliche Konstitution. Geist, Seele, Leib sind nicht zu trennen. Oft wechselt er Standpunkt und Ansatz des Denkens – „diese Kunst der Transfiguration ist eben Philosophie" – was eine Darstellung seiner Gedanken zur Langsamkeit nicht gerade erleichtert. Auch wenn er sich in den Ebenen anderer Diskurse und Debatten bewegt: Nietzsche denkt und argumentiert sehr oft rein anthropologisch. Und immer wieder handelt er von der Person des Philosophen, das aber heißt oft: von Friedrich Nietzsche.

Unser Band versucht, etwas von all dem zu zeigen. Das erste Kapitel bringt Nietzsches Gedanken zu Tempo und Zeitlichkeit in der Gegenwart; wie beeinflussen moderne Arbeit, Maschinen, objektive Zeiteinteilung und Hast die Menschen des industriellen Zeitalters? Ein Kapitel über die Langsamkeit des Leibes zeigt, wie eng unser Begriff vom Glück damit zusammenhängt, wie wir leben, ob wir gesund sind, wie wir wohnen, wie wir uns ernähren. Auch wenn Nietzsche über Religionen schreibt, wird Langsamkeit zum entscheidenden Kriterium: Welche Religion zwingt zur Eile, welche erlaubt oder fordert ein eigenes Tempo? Denn darauf kommt es an. Den Gewinn aus der Langsamkeit erhält allein, wer es versteht, sich den Freuden des Müßiggangs zu überlassen. In seinen Reflexionen über den Philosophen skizziert Nietzsche die Umrisse eines Idealbildes, ist der „freie Geist" doch der Antipode seiner Zeit. Es ist zunächst vor allem Friedrich Nietzsche, der die Kunst des langsamen Denkens und Lebens beherrscht und pflegt; so zumindest sieht er sich selber.

Im Nachdenken über die physikalische und historische Zeit zeigt sich Nietzsche als Analytiker; die Geschwindigkeit des Lebens erkennt er als eine historisch veränderbare Größe. Welche traurigen Niederungen der Mensch bei der Suche nach einem eigenen Tempo durchleiden muss, davon handelt der Exkurs über „Kloß und Stube", das Zerrbild der Langsamkeit. In einem weiteren Kapitel öffnet Nietzsche den Blick auf das utopische Vermächtnis der Künste: Statt im Betrieb aufzugehen, statt zu bloßer Unterhaltung zu verkommen, sollen sie einen Widerstand gegen den funktionalisierten Umgang mit Zeit ermöglichen. Abschließend erkunden wir mit Nietzsche ein Phänomen, mit dem es jeder zu tun hat und das fast jedem unangenehm ist, das Warten. Wer die stoische Kunst des Wartens beherrscht, begegnet dem Alltag mit mehr Gelassenheit und Ruhe und beweist so, dass er sich von den Zwängen des Funktionalen nicht vereinnahmen lässt: „Ertragenkönnen, Wartenkönnen, Schweigenkönnen, Hungernkönnen – das ist zum Beispiel die Moralität der Indianer", heißt es in einem Fragment von 1880. Vielleicht tragen ja Nietzsches kluge, witzige und überraschende Gedanken über die Langsamkeit dazu bei, sich in diesem Sinne ein wenig als Indianer zu erleben.

„*Wie man versteinern soll*" hat Nietzsche einen kurzen Abschnitt der „Morgenröte" überschrieben, der von der Zeit nach dem Leben handelt: „Langsam, langsam hart werden wie ein Edelstein – und zuletzt still und zur Freude der Ewigkeit liegen bleiben." So weit muss es, allein durch die Lektüre seiner Schriften zumindest, nicht kommen. Wie gesagt, Nietzsche ist und bleibt ein widersprüchlicher Denker und Autor. Das macht das Verstehen zwar manchmal nicht leicht, aber oft langsam und immer lustvoll. Was eigentlich wollen wir mehr?

Prolog

A*ngesichts eines gelehrten Buches.* – Wir gehören nicht zu Denen, die erst zwischen Büchern, auf den Anstoß von Büchern zu Gedanken kommen – unsre Gewohnheit ist, im Freien zu denken, gehend, springend, steigend, tanzend, am liebsten auf einsamen Bergen oder dicht am Meere, da wo selbst die Wege nachdenklich werden. Unsre ersten Wertfragen, in Bezug auf Buch, Mensch und Musik, lauten: „kann er gehen? mehr noch, kann er tanzen?“... Wir lesen selten, wir lesen darum nicht schlechter – oh wie rasch erraten wir's, wie Einer auf seine Gedanken gekommen ist, ob sitzend, vor dem Tintenfass, mit zusammengedrücktem Bauche, den Kopf über das Papier gebeugt: oh wie rasch sind wir auch mit seinem Buche fertig! Das geklemmte Eingeweide verrät sich, darauf darf man wetten, ebenso wie sich Stubenluft, Stubendecke, Stubenenge verrät. – Das waren meine Gefühle, als ich eben ein rechtschaffnes gelehrtes Buch zuschlug, dankbar, sehr dankbar, aber auch erleichtert ... An dem Buche eines Gelehrten ist fast immer auch etwas Drückendes, Gedrücktes: der „Specialist“ kommt irgendwo zum Vorschein, sein

Eifer, sein Ernst, sein Ingrimm, seine Überschätzung des Winkels, in dem er sitzt und spinnt, sein Buckel, – jeder Specialist hat seinen Buckel. Ein Gelehrten-Buch spiegelt immer auch eine krummgezogene Seele: jedes Handwerk zieht krumm.[FW]

Arbeit und Unrast

DIE MODERNE ERTRAGEN

Nietzsche lebt im Zeitalter der Industrialisierung. Er ist Zeitgenosse Alfred Krupps, Julius Albert Borsigs und Karl Marx', und er weiß, worauf der Wohlstand seiner Gesellschaft fußt: „sehr viele harte und grobe Arbeit", notiert er 1877, müsse getan werden. Der Preis dafür ist allerdings hoch. Nietzsche beschreibt die Entfremdung durch den „Arbeitsmarkt" der Moderne als einen Prozess der Abrichtung und Gleichschaltung. Die „machinale Tätigkeit und was zu ihr gehört" verändern den Menschen bis in sein Innerstes. Lange vor der Erfindung des Fließbandes sieht Nietzsche die Vereinigten Staaten als den eigentlichen Motor und Impulsgeber dieser Entwicklung.

Die „absolute Regularität, der pünktliche besinnungslose Gehorsam, das Ein-für-alle-Mal der Lebensweise, die Ausfüllung der Zeit, eine gewisse Erlaubnis, ja eine Zucht zur ‚Unpersönlichkeit', zum Sich-selbst-Vergessen, zur ‚incuria sui'" sorgen dafür, dass die Menschen „zu den Zwecken der Zeit abgerichtet werden". So entsteht eine Gesellschaft der Unrast, der Hast, des Verlustes von Kontrolle über die eigene Zeit. Diese Unterwerfung unter eine objektivierte Zeit und eben unter die Macht der Maschinen verändert die Kultur und das Zusammenleben der Menschen. Zeitungen und Wissenschaften sind die Agenten dieser Transformation. Wenn Nietzsche seine Epoche als Medienzeitalter beschreibt, erinnert das an heute: Der Zwang zur Aktualität verhindert Abstand und Überlegung, Informationen verdrängen die Reflexion, Schnelligkeit ist eine Tugend, Langsamkeit ein Fehler. Über hundert Jahre nach Nietzsche sind wir, scheint es, kein Stück weiter gekommen. Zumindest nicht in die richtige Richtung.

Arbeit

Weil sehr viele harte und grobe Arbeit getan werden muss, so müssen auch Menschen erhalten werden, welche sich derselben unterziehen, so weit nämlich Maschinen diese Arbeit nicht ersparen können. Dringt in die Arbeiterklasse das Bedürfnis und die Verfeinerung höherer Bildung, so kann sie jene Arbeit nicht mehr tun, ohne unverhältnismäßig sehr zu leiden. Ein soweit entwickelter Arbeiter strebt nach Muße und verlangt nicht Erleichterung der Arbeit, sondern Befreiung von derselben, das heißt: er will sie jemand Anderem aufbürden.[F2]

Aber es soll auch gar nicht, wie gesagt, das Zeitalter der fertig und reif gewordenen, der harmonischen Persönlichkeiten sein, sondern das der gemeinsamen möglichst nutzbaren Arbeit. Das heißt eben doch nur: die Menschen sollen zu den

Zwecken der Zeit abgerichtet werden, um so zeitig als möglich mit Hand anzulegen; sie sollen in der Fabrik der allgemeinen Utilitäten arbeiten, bevor sie reif sind, ja damit sie gar nicht mehr reif werden – weil dies ein Luxus wäre, der „dem Arbeitsmarkte“ eine Menge von Kraft entziehen würde. Man blendet einige Vögel, damit sie schöner singen: ich glaube nicht, dass die jetzigen Menschen schöner singen, als ihre Großväter, aber das weiß ich, dass man sie zeitig blendet. Das Mittel aber, das verruchte Mittel, das man anwendet, um sie zu blenden, ist allzuhelles, allzuplötzliches, allzu wechselndes Licht.[UB]

Reaktion gegen die Maschinen-Kultur – Die Maschine, selber ein Erzeugnis der höchsten Denkkräfte, setzt bei den Personen, welche sie bedienen, fast nur die niederen, gedankenlosen Kräfte in Bewegung. Sie entfesselt dabei eine Unmasse Kraft überhaupt, die sonst schlafen läge, das ist wahr, aber sie gibt *nicht* den Antrieb zum Höhersteigen, zum Bessermachen, zum Künstlerwerden. Sie macht *tätig* und *einförmig* – das erzeugt aber auf die Dauer eine Gegenwirkung, eine verzweifelte Langeweile der Seele, welche durch sie nach wechselvollem Müßiggange dürsten lern.[MA]

Hauptmangel der tätigen Menschen. – Den Tätigen fehlt gewöhnlich die höhere Tätigkeit: ich meine die individuelle. Sie sind als Beamte, Kaufleute, Gelehrte, das heißt als Gattungswesen tätig, aber nicht als ganz bestimmte einzelne und einzige Menschen; in dieser Hinsicht sind sie faul. – Es ist das Unglück der Tätigen, dass ihre Tätigkeit fast immer ein Wenig unvernünftig ist. Man darf zum Beispiel bei dem geldsammelnden Banquier nach dem Zweck seiner rastlosen Tätigkeit nicht fragen: sie ist unvernünftig. Die Tätigen rollen, wie der Stein rollt, gemäß der Dummheit der Mechanik. – Alle Menschen zerfallen, wie zu allen Zeiten so auch jetzt noch, in Sclaven und Freie; denn wer von seinem Tage nicht zwei Drittel für sich hat, ist ein Sclave, er sei übrigens wer er wolle: Staatsmann, Kaufmann, Beamter, Gelehrter.[MA]

Die Täglich-Abgenützten. – Diesen jungen Männern fehlt es weder an Charakter, noch an Begabung, noch an Fleiß: aber man hat ihnen nie Zeit gelassen, sich selber eine Richtung zu geben, vielmehr sie von Kindesbeinen an gewöhnt, eine Richtung zu empfangen. Damals, als sie reif genug waren, um „in die Wüste geschickt zu werden“, tat man etwas Anderes, – man benutzte sie, man entwendete sie sich selber, man erzog sie zu dem täglichen Abgenutztwerden, man machte ihnen eine Pflichtenlehre daraus – und jetzt können sie es nicht mehr entbehren und wollen es nicht anders. Nur darf man diesen armen Zugtieren ihre „Ferien“ nicht versagen – wie man es nennt, dieses Muße-Ideal eines überarbeiteten Jahrhunderts: wo man einmal nach Herzenslust faulenzen und blödsinnig und kindisch sein darf.[MR]

Die Erleichterung besteht darin, dass das Interesse des Leidenden grundsätzlich vom Leiden abgelenkt wird, – dass beständig ein Tun und wieder nur ein Tun in's Bewusstsein tritt und folglich wenig Platz darin für Leiden bleibt: denn sie ist *eng*, diese Kammer des menschlichen Bewusstseins! Die machinale Tätigkeit und was zu ihr gehört – wie die absolute Regularität, der pünktliche besinnungslose Gehorsam, das Ein-für-alle-Mal der Lebensweise, die Ausfüllung der Zeit, eine gewisse Erlaubnis, ja eine Zucht zur „Unpersönlichkeit", zum Sich-selbst-Vergessen, zur „incuria sui" –: wie gründlich, wie fein hat der asketische Priester sie im Kampf mit dem Schmerz zu benutzen gewusst!

GM

Die moderne Unruhe. – Nach dem Westen zu wird die moderne Bewegtheit immer größer, so dass den Amerikanern die Bewohner Europa's insgesamt sich als ruheliebende und genießende Wesen darstellen, während diese doch selbst wie Bienen und Wespen durcheinander fliegen. Diese Bewegtheit wird so groß, dass die höhere Kultur ihre Früchte nicht mehr zeitigen kann; es ist, als ob die Jahreszeiten zu rasch auf einander folgten. Aus Mangel an Ruhe läuft unsere Civilisation in eine neue Barbarei aus. Zu keiner Zeit haben die Tätigen, das heißt die Ruhelosen, mehr gegolten. Es gehört deshalb zu den notwendigen Correcturen, welche man am Charakter der Menschheit vornehmen muss, das beschauliche Element in großem Maße zu verstärken. Doch hat schon jeder Einzelne, welcher in Herz und Kopf ruhig und stetig ist, das Recht zu glauben, dass er nicht nur ein gutes Temperament, sondern eine allgemein nützliche Tugend besitze und durch die Bewahrung dieser Tugend sogar eine höhere Aufgabe erfülle.[MA]

Wie oft sehe ich es, dass der blindwütende Fleiß zwar Reichtümer und Ehre schafft, aber zugleich den Organen die Feinheit nimmt, vermöge deren es einen Genuß an Reichtum und Ehren geben könnte, ebenso, dass jenes Hauptmittel gegen die Langeweile und die Leidenschaften zugleich die Sinne stumpf und den Geist widerspenstig gegen neue Reize macht. (Das fleißigste aller Zeitalter – unser Zeitalter – weiß aus seinem vielen Fleiße und Gelde Nichts zu machen, als immer wieder mehr Geld und immer wieder mehr Fleiß: es gehört eben mehr Genie dazu, auszugeben, als zu erwerben! – Nun, wir werden unsere „Enkel" haben!)[FW]

Zeit der Hast

Seit einem Jahrhundert sind wir auf lauter fundamentale Erschütterungen vorbereitet; und wenn neuerdings versucht wird, diesem tiefsten modernen Hange, einzustürzen oder zu explodieren, die constitutive Kraft des sogenannten nationalen Staates entgegenzustellen, so ist doch für lange

Zeiten hinaus auch er nur eine Vermehrung der allgemeinen Unsicherheit und Bedrohlichkeit. Dass die Einzelnen sich so gebärden, als ob sie von allen diesen Besorgnissen nichts wüssten, macht uns nicht irre: ihre Unruhe zeigt es, wie gut sie davon wissen; sie denken mit einer Hast und Ausschließlichkeit an sich, wie noch nie Menschen an sich gedacht haben, sie bauen und pflanzen für ihren Tag, und die Jagd nach Glück wird nie größer sein als wenn es zwischen heute und morgen erhascht werden muss: weil übermorgen vielleicht überhaupt alle Jagdzeit zu Ende ist. Wir leben die Periode der Atome, des atomistischen Chaos.[UB]

Wir wissen es Alle in einzelnen Augenblicken, wie die weitläuftigsten Anstalten unseres Lebens nur gemacht werden, um vor unserer eigentlichen Aufgabe zu fliehen, wie wir gerne irgendwo unser Haupt verstecken wollen, als ob uns dort unser hundertäugiges Gewissen nicht erhaschen könne, wie wir unser Herz an den Staat oder den Geldgewinn, die Wissenschaft, die Geselligkeit hastig wegschenken, bloß um es nicht mehr zu haben, wie wir selbst der schweren Tagesarbeit hitziger und besinnungsloser frönen, als nötig wäre um zu leben – weil es uns nötiger scheint nicht zur Besinnung zu kommen. Allgemein ist die Hast, weil jeder auf der Flucht vor sich selbst ist, allgemein auch das scheue Verbergen dieser Hast, weil man zufrieden scheinen will und die scharfsichtigeren Zuschauer über sein Elend täuschen möchte, allgemein das Bedürfnis nach neuen klingenden Wort-Schellen, mit denen behängt das Leben etwas Festlich-Lärmendes bekommen soll. Jeder weiß aus seiner Erfahrung, wie plötzlich sich mitunter unangenehme Erinnerungen aufdrängen und wie wir dann durch heftige Gebärden und Worte bemüht sind, sie uns aus dem Sinne zu schlagen – aber die allgemeine Gestalt unseres Lebens lässt erraten, dass wir uns immer in einem solchen Zustande befinden: was ist es doch, was uns so häufig anficht, welche Mücke lässt uns nicht schlafen? Es geht geisterhaft um uns zu, jeder Augenblick des Lebens will uns etwas sagen, aber wir wollen diese Geisterstimmen nicht hören.[F1]

Zu viel und zu wenig. – Die Menschen durchleben jetzt alle zu viel und durchdenken zu wenig: sie haben Heißhunger und Kolik zugleich und werden deshalb immer magerer, so viel sie auch essen. – Wer jetzt sagt: „ich habe nichts erlebt" – ist ein Dummkopf.[MA]

Und deshalb ist die moralische Schwäche der Deutschen vornehmlich die Ursache davon, dass sie keine Kultur haben. Zwar: sie arbeiten außerordentlich, alles ist in Hast, der vererbte Fleiß zeigt sich fast als Naturkraft. Worin offenbart sich ihre moralische Schwäche![F1]

Man könnte nun freilich jene in Deutschland überhandnehmende Neigung zur „schönen Form" noch anders und tiefer ableiten: aus jener Hast, jenem atemlosen Erfassen des Augenblicks, jener Übereile, die alle Dinge zu grün vom Zweige bricht, aus jenem Rennen und Jagen, das den Menschen jetzt Furchen in's Gesicht gräbt und alles, was sie tun, gleichsam tätowiert. Als ob ein Trank in ihnen wirkte, der sie nicht mehr ruhig atmen ließe, stürmen sie fort in unanständiger Sorglichkeit, als die geplagten Sklaven der drei M, des Moments, der Meinungen und der Moden: so dass freilich der Mangel an Würde und Schicklichkeit allzu peinlich in die Augen springt und nun wieder eine lügnerische Eleganz nötig wird, mit welcher die Krankheit der würdelosen Hast maskiert werden soll. Denn so hängt die modische Gier nach der schönen Form mit dem hässlichen Inhalt des jetzigen Menschen zusammen: jene soll verstecken, dieser soll versteckt werden. Gebildetsein heißt nun: sich nicht merken lassen, wie elend und schlecht man ist, wie raubtierhaft im Streben, wie unersättlich im Sammeln, wie eigensüchtig und schamlos im Genießen. Mehrmals ist mir schon, wenn ich Jemandem die Abwesenheit einer deutschen Kultur vor Augen stellte, eingewendet worden: „aber diese Abwesenheit ist ja ganz natürlich, denn die Deutschen sind bisher zu arm und bescheiden gewesen. Lassen Sie unsre Landsleute nur erst reich und selbstbewusst werden, dann werden sie auch eine Kultur haben!" Mag der Glaube immerhin selig machen, diese Art des Glaubens macht mich unselig, weil ich fühle, dass jene deutsche Kultur, an deren Zukunft hier geglaubt wird – die des Reichtums, der Politur und der manierlichen Verstellung – das feindseligste Gegenbild der deutschen Kultur ist, an welche ich glaube. Gewiss, wer unter Deutschen zu leben hat, leidet sehr an der berüchtigten Grauheit ihres Lebens und ihrer Sinne, an der Formlosigkeit, dem Stumpf- und Dumpfsinne, an der Plumpheit im zarteren Verkehre, noch mehr an der Scheelsucht und einer gewissen Verstecktheit und Unreinlichkeit des Charakters; es schmerzt und beleidigt ihn die eingewurzelte Lust am Falschen und Unechten, am Übel Nachgemachten, an der Übersetzung des guten Ausländischen in ein schlechtes Einheimisches: jetzt aber, wo nun noch jene fieberhafte Unruhe, jene Sucht nach Erfolg und Gewinn, jene Überschätzung des Augenblicks als schlimmstes Leiden hinzugekommen ist, empört es ganz und gar zu denken, dass alle diese Krankheiten und Schwächen grundsätzlich nie geheilt, sondern immer nur überschminkt werden sollen – durch eine solche „Kultur der interessanten Form!“ [UB]

Man gehe durch eine deutsche Stadt alle Convention, verglichen mit anderen Nationen, zeigt sich im Negativen, alles ist farblos, bummelig, abgelebt, jeder treibt es nach Belieben, aber nicht nach einem kräftigen gedankenreichen Belieben, sondern nach der Bequemlichkeit, die unsre Kleidung bereits als Hauptrücksicht anklagt. Zudem will man keine Zeit verlieren, denn man ist in Hast. Nur die Convention ist gebilligt, die dem Faulen – Hastigen gemäß ist.[F1]

Die Bildung wird täglich geringer, weil die Hast größer wird.[F1]

Nicht so oft irregeführt nach dem unerreichbaren Ziele, zum Ekel gestimmt über das Erreichte, kommt der Mensch zu einer Ruhe, die der Gegensatz der modernen durch und durch historischen Welt und ihrer Hast ist.[F1]

Man ist nicht umsonst Philologe gewesen, man ist es vielleicht noch das will sagen, ein Lehrer des langsamen Lesens: – endlich schreibt man auch langsam. Jetzt gehört es nicht nur zu meinen Gewohnheiten, sondern auch zu meinem Geschmakke – einem boshaften Geschmacke vielleicht? – Nichts mehr zu schreiben, womit nicht jede Art Mensch, die „Eile hat", zur Verzweiflung gebracht wird. Philologie nämlich ist jene ehrwürdige Kunst, welche von ihrem Verehrer vor Allem Eins heischt, bei Seite gehn, sich Zeit lassen, still werden, langsam werden –, als eine Goldschmiedekunst und -kennerschaft des Wortes, die lauter feine vorsichtige Arbeit abzutun hat und Nichts erreicht, wenn sie es nicht lento erreicht. Gerade damit aber ist sie heute nötiger als je, gerade dadurch zieht sie und bezaubert sie uns am stärksten, mitten in einem Zeitalter der „Arbeit", will sagen: der Hast, der unanständigen und schwitzenden Eilfertigkeit, das mit Allem gleich „fertig werden“ will, auch mit jedem alten und neuen Buche: – sie selbst wird nicht so leicht irgend womit fertig, sie lehrt gut lesen, das heißt langsam, tief, rück- und vorsichtig, mit Hintergedanken, mit offen gelassenen Türen, mit zarten Fingern und Augen lesen.[MR]

Wiederherstellung der Ruhe und Stille für das Reich des Intellektes, Beseitigung des modernen Lärms.

Eine Beruhigungssucht und Vertiefung muss über die Menschen kommen, wie es nie eine gab, wenn sie erst einmal der modernen Hatz müde geworden sind.[F2]

Kultur

Wie sieht nun der Philosoph die Kultur in unserer Zeit an? Sehr anders freilich als jene in ihrem Staat vergnügten Philosophieprofessoren. Fast ist es ihm, als ob er die Symptome einer völligen Ausrottung und Entwurzelung der Kultur wahrnähme, wenn er an die allgemeine Hast und zunehmende Fallgeschwindigkeit, an das Aufhören aller Beschaulichkeit und Simplicität denkt. Die Gewässer der Religion fluten ab und lassen Sümpfe oder Weiher zurück; die Nationen trennen sich wieder auf das feindseligste und begehren sich zu zerfleischen. Die Wissenschaften, ohne jedes Maß und im blindesten laisser faire betrieben, zersplittern und lösen alles Festgeglaubte auf; die gebildeten Stände und Staaten werden von einer großartig verächtlichen Geldwirtschaft fortgerissen. Niemals war die Welt mehr Welt, nie ärmer an Liebe und Güte. Die gelehrten Stände sind nicht mehr Leuchttürme oder Asyle inmitten aller dieser Unruhe der Verweltlichung; sie selbst werden täglich unruhiger, gedanken- und liebeloser. Alles dient der kommenden Barbarei, die jetzige Kunst und Wissenschaft mit einbegriffen.[UB]

Empfindung auf dem Lande. – Wenn man nicht feste, ruhige Linien am Horizonte seines Lebens hat, Gebirgs- und Waldlinien gleichsam, so wird der innerste Wille des Menschen selber unruhig, zerstreut und begehrlich wie das Wesen des Städters: er hat kein Glück und gibt kein Glück.[MA]

Klagelied. – Es sind vielleicht die Vorzüge unserer Zeiten, welche ein Zurücktreten und eine gelegentliche Unterschätzung der vita contemplativa mit sich bringen. Aber eingestehen muss man es sich, dass unsere Zeit arm ist an großen Moralisten, dass Pascal, Epictet, Seneca, Plutarch wenig noch gelesen werden, dass Arbeit und Fleiß – sonst im Gefolge der großen Göttin Gesundheit – mitunter wie eine Krankheit zu Wüten scheinen. Weil Zeit zum Denken und Ruhe im Denken fehlt, so erwägt man abweichende Ansichten nicht mehr:

man begnügt sich, sie zu hassen. Bei der ungeheuren Beschleunigung des Lebens wird Geist und Auge an ein halbes oder falsches Sehen und Urteilen gewöhnt, und jedermann gleicht den Reisenden, welche Land und Volk von der Eisenbahn aus kennen lernen. Selbständige und vorsichtige Haltung der Erkenntnis schätzt man beinahe als eine Art Verrücktheit ab, der Freigeist ist in Verruf gebracht, namentlich durch Gelehrte, welche an seiner Kunst, die Dinge zu betrachten, ihre Gründlichkeit und ihren Ameisenfleiß vermissen und ihn gern in einen einzelnen Winkel der Wissenschaft bannen möchten: während er die ganz andere und höhere Aufgabe hat, von einem einsam gelegenen Standorte aus den ganzen Heerbann der wissenschaftlichen und gelehrten Menschen zu befehligen und ihnen die Wege und Ziele der Kultur zu zeigen. – Eine solche Klage, wie die eben abgesungene, wird wahrscheinlich ihre Zeit haben und von selber einmal, bei einer gewaltigen Rückkehr des Genius' der Meditation, verstummen.[MA]

Sollte es aber mit den Manieren immerfort bergab gehen? Es scheint mir vielmehr, dass die Manieren eine tiefe Kurve machen und wir uns ihrem niedrigsten Stande nähern. Wenn erst die Gesellschaft ihrer Absichten und Principien sicherer geworden ist, so dass diese formbildend wirken (während jetzt die angelernten Manieren früherer formbildender Zustände immer schwächer vererbt und angelernt werden), so wird es Manieren des Umgangs, Gebärden und Ausdrücke des Verkehrs geben, welche so notwendig und schlicht natürlich erscheinen müssen, als es diese Absichten und Principien sind. Die bessere Verteilung der Zeit und Arbeit, die zur Begleiterin jeder schönen Mußezeit umgewandelte gymnastische Übung, das vermehrte und strenger gewordene Nachdenken, welches selbst dem Körper Klugheit und Geschmeidigkeit gibt, bringt dies Alles mit sich.[MA]

Die Medien

Das Übergewicht nämlich bei dem, was der Deutsche jetzt jeden Tag liest, liegt ohne Zweifel auf Seiten der Zeitungen nebst dazu gehörigen Zeitschriften: deren Deutsch prägt sich, in dem unaufhörlichen Tropfenfall gleicher Wendungen und gleicher Wörter, seinem Ohre ein, und da er meistens Stunden zu dieser Leserei benutzt, in denen sein ermüdeter Geist ohnehin zum Widerstehen nicht aufgelegt ist, so wird allmählich sein Sprachgehör in diesem Alltags-Deutsch heimisch und vermisst seine Abwesenheit nötigenfalls mit Schmerz. Die Fabrikanten jener Zeitungen sind aber, ihrer ganzen Beschäftigung gemäß, am allerstärksten an den Schleim dieser Zeitungs-Sprache gewöhnt: sie haben im eigentlichsten Sinne allen Geschmack verloren, und ihre Zunge empfindet höchstens das ganz und gar Korrupte und Willkürliche mit einer Art von Vergnügen. Daraus erklärt sich das tutti unisono, mit welchem, trotz jener allgemeinen Erschlaffung und Erkrankung, in jeden neu erfundenen Sprachschnitzer sofort eingestimmt wird: man rächt sich mit solchen frechen Korruptionen an der Sprache wegen der unglaublichen Langeweile, die sie allmählich ihren Lohnarbeitern verursacht.[UB]

Die „Modernität“ unter dem Gleichnis von Ernährung und Verdauung.

Die Sensibilität unsäglich reizbarer (– unter moralistischem Aufputz als die Vermehrung des *Mitleids* –) die Fülle disparater Eindrücke größer als je: – der Kosmopolitism der Speisen, der Litteraturen, Zeitungen, Formen, Geschmäcker, selbst Landschaften usw.

das tempo dieser Einströmung ein prestissimo; die Eindrücke wischen sich aus; man wehrt sich instinktiv, etwas hereinzunehmen, tief zu nehmen, etwas zu „verdauen“

– Schwächung der Verdauungs-Kraft resultiert daraus. Eine Art Anpassung an diese Überhäufung mit Eindrücken tritt ein: der Mensch verlernt zu agieren; *er reagiert nur noch* auf Erregungen von außen her. Er gibt seine Kraft aus teils in der Aneignung, teils in der Verteidigung, teils in der Entgegnung.[F6]

Ehemals warnte man vor Nichts mehr, als den Tag, den Augenblick zu ernst zu nehmen und empfahl das nil admirari und die Sorge für die ewigen Anliegenheiten; jetzt ist nur Eine Art von Ernst in der modernen Seele übrig geblieben, er gilt den Nachrichten, welche die Zeitung oder der Telegraph bringt. Den Augenblick benutzen und, um von ihm Nutzen zu haben, ihn so schnell wie möglich beurteilen! – man könnte glauben, es sei den gegenwärtigen Menschen auch nur Eine Tugend übrig geblieben, die der Geistesgegenwart. Leider ist es in Wahrheit vielmehr die Allgegenwart einer schmutzigen unersättlichen Begehrlichkeit und einer überallhin spähenden Neugierde bei Jedermann.[UB]

Aber um nicht von den Deutschen allein zu reden: soweit ist es überhaupt und überall mit jener Afterkultur, der welt- und werdefreundlichen, gekommen, dass sie äußerlich Manierlichkeit und neueste Moden, innerlich hastigste Kenntnis und Ausnützung des Ephemeren, ja des Augenblicklichen verlangt: und nichts sonst! Sie verkörpert sich folglich in dem verruchten Wesen des Journalisten, des Sclaven der drei M: des Moments, der Meinungen und der Moden; und je mehr Einer mit jener Kultur verwandt ist, um so ähnlicher wird er dem Journalisten sehen. Nun ist es gerade das Wertvollste an der Philosophie, immerfort die Gegenlehre alles Journalistischen zu lehren, um den Menschen darin zu behüten, dass er den Augenblick zu wichtig nehme und von ihm fortgerissen werde. Ihre Absicht ist vielmehr, den Menschen für alle Schläge und Plötzlichkeiten des Schicksals gleich fest hinzustellen und gegen jede Überraschung zu wappnen. So ist sie die größte Feindin jener Hast, jenes atemlosen Erfassens des Augenblicks, jener Übereile, die alle Dinge zu grün vom Zweige bricht, jenes Rennens und Jagens, das den Menschen jetzt Furchen in's Gesicht gräbt und alles, was sie tun, gleichsam tätowiert. Als ob ein Trank in ihnen wirkte, der sie nicht mehr ruhig atmen ließe, stürmen sie fort, in unanständiger Sorglichkeit: so dass freilich der Mangel an Würde allzu peinlich in die Augen springt und nun wieder eine lügnerische Eleganz nötig wird, mit der die Krankheit der würdelosen Hast maskiert werden soll.[F1]

Wissenschaft

Der wissenschaftliche Mensch ist ein rechtes Paradoxum: rings umstarren ihn die schrecklichsten Probleme, an Abgründen wandelt er und er pflückt eine Blume um ihre Staubfäden zu zählen. Es ist nicht Stumpfheit des Erkennens: denn er glüht in seinem Triebe zum Erkennen und Entdecken und kennt keine größere Lust als den Schatz des Wissens zu mehren. Aber er benimmt sich wie der stolzeste Müßiggänger des Glücks: als ob das Dasein nicht eine heillose und bedenkliche Sache sei, sondern ein fester, für ewige Dauer garantierter Besitz.

In der jetzigen Zeit ist er dazu in eine Hast geraten als ob die Wissenschaft eine Fabrik sei und jede Art von Minuten-Versäumnis einer Strafe wert sei. Er arbeitet, er beschäftigt sich nicht mehr, er sieht weder rechts noch links und macht alle Geschäfte und Bedenklichkeiten des Lebens durch mit der halben Aufmerksamkeit oder dem widrigen Erholungsbedürfnis, das dem erschöpften Arbeiter zu eigen ist. Er benimmt sich als ob das Leben für ihn nur otium sei, aber sine dignitate: wie ein Sklave, der auch im Traume sein Joch nicht abwirft. Vielleicht findet man für die große Masse der Gelehrten die richtige Würdigung, wenn man sie zunächst als Ackerbauern betrachtet: mit ererbtem kleinem Besitz, emsig vom Tag bis in die Nacht hinein bemüht, den Acker zu bauen, den Pflug zu ziehn und den Ochsen zuzurufen.[F1]

Glaubt es mir: wenn die Menschen in der wissenschaftlichen Fabrik arbeiten und nutzbar werden sollen, bevor sie reif sind, so ist in Kurzem die Wissenschaft ebenso ruiniert, wie die allzuzeitig in dieser Fabrik verwendeten Sklaven. Ich bedaure, dass man schon nötig hat, sich des sprachlichen Jargons der Sklavenhalter und Arbeitgeber zur Bezeichnung solcher Verhältnisse zu bedienen, die an sich frei von Utilitäten, enthoben der Lebensnot gedacht werden sollten: aber unwillkürlich drängen sich die Worte „Fabrik, Arbeitsmarkt, Angebot, Nutzbarmachung“ – und wie all die Hilfszeitwörter des Egoismus lauten – auf die Lippen, wenn man die jüngste Generation der Gelehrten schildern will.[UB]

Auch physiologisch nachgerechnet, ruht die Wissenschaft auf dem gleichen Boden wie das asketische Ideal: eine gewisse *Verarmung des Lebens* ist hier wie dort die Voraussetzung, – die Affekte kühl geworden, das tempo verlangsamt, die Dialektik an Stelle des Instinktes, der *Ernst* den Gesichtern und Gebärden aufgedrückt (der Ernst, dieses unmissverständlichste Abzeichen des mühsameren Stoffwechsels, des ringenden, schwerer arbeitenden Lebens). Man sehe sich die Zeiten eines Volkes an, in denen der Gelehrte in den Vordergrund tritt: es sind Zeiten der Ermüdung, oft des Abends, des Niederganges, – die überströmende Kraft, die Lebens-Gewissheit, die *Zukunfts* -Gewissheit sind dahin.[GM]

Der gute Glaube an die Wissenschaft, das ihr günstige Vorurteil, von dem unsere Staaten jetzt beherrscht sind (ehedem war es sogar die Kirche), ruht im Grunde darauf, dass jener unbedingte Hang und Drang sich so selten in ihr offenbart hat, und dass Wissenschaft eben nicht als Leidenschaft, sondern als Zustand und „Ethos" gilt. Ja, es genügt oft schon amour-plaisir der Erkenntnis (Neugierde), es genügt amour-vanite, Gewöhnung an sie, mit der Hinterabsicht auf Ehre und Brot, es genügt selbst für Viele, dass sie mit einem Überschuss von Muße Nichts anzufangen wissen als lesen, sammeln, ordnen, beobachten, weiter erzählen: ihr „wissenschaftlicher Trieb“ ist ihre Langeweile.[FW]

Wille zum Winterschlaf

DER KÖRPER
UND SEINE KRANKHEITEN

Wie viele Philosophen vor und nach ihm, so gefällt sich auch Friedrich Nietzsche in der Rolle des akribischen Selbstbetrachters. Er verwendet, nicht anders übrigens als sein großes Gegenbild Immanuel Kant, viel Energie darauf, den Regungen des Leibes nachzuforschen – allerdings hat er dazu weit mehr Anlass als der Zeit seines langen Lebens weitgehend gesunde Königsberger. Nietzsche kannte die Krankheit, und er kannte sie als sein Schicksal: Entgehen jedenfalls konnte er ihr nicht. Kopf- und Augenschmerzen, starke Einschränkung der Sehfähigkeit, heftige Koliken und Anfälle, tagelanges Erbrechen – Nietzsche übertreibt nicht, wenn er das Krankenlager als tiefen Einschnitt, als biographische Zäsur darstellt. Es ist diese „Art Wille zum Winterschlaf", die Verlangsamung sämtlicher geistiger, seelischer und körperlicher Prozesse, die Krankheit zu einem Mittel der Verbesserung des Menschen macht.

So gesehen, müsste man immer krank bleiben, um immer langsamer zu werden und dadurch immer besser. Doch natürlich sieht Nietzsche die Gesundung als das Ziel der Krankheit. Seine Sätze über die Genesung gehören zu den anrührendsten, bildstärksten und poetischsten seines gesamten Werkes: „Welches Glück noch in der Müdigkeit, der alten Krankheit, den Rückfällen des Genesenden! Wie es ihm gefällt, leidend stillzusitzen, Geduld zu spinnen, in der Sonne zu liegen! Wer versteht sich gleich ihm auf das Glück im Winter, auf die Sonnenflecke an der Mauer! Es sind die dankbarsten Tiere von der Welt, auch die bescheidensten, diese dem Leben wieder halb zugewendeten Genesenden und Eidechsen". Auch Nietzsche selber war eine dieser Echsen, die nicht einfach gesund, sondern vor allem langsam „gesünder" werden. Um dann langsam weiterzuleben, wie die anderen Großen, die, wie Napoleon, Geschichte schreiben: „Mein Blut läuft langsam."

Körper

Napoleon hatte Anfälle von Empfindung, vergoss Tränen, aber es machte ihm hinterdrein einen schlechten Humor. „Wenn mein Blut nicht mit seiner beständigen Langsamkeit schlägt, laufe ich Gefahr, zum Narren zu werden." Nach Corvisart hatte er wenige Pulsschläge. Aber er klagte über intraitable Nerven. Er behauptete er verstünde absolut nicht, was es hieße „der Kopf dreht sich mir". [F3]

Langsamer Verstand, plötzliche und ungestüme Empfindung.[F1]

Wollt ihr hoch hinaus, so braucht die eignen Beine! Lasst euch nicht empor tragen, setzt euch nicht auf fremde Rücken und Köpfe!

Du aber stiegst zu Pferde? Du reitest nun hurtig hinauf zu deinem Ziele? Wohlan, mein Freund! Aber dein lahmer Fuß sitzt auch mit zu Pferde!

Wenn du an deinem Ziele bist, wenn du von deinem Pferde springst: auf deiner Höhe gerade, du höherer Mensch – wirst du stolpern! ZA

Traum und Kultur. – Die Gehirnfunction, welche durch den Schlaf am meisten beeinträchtigt wird, ist das Gedächtnis: nicht dass es ganz pausierte, – aber es ist auf einen Zustand der Unvollkommenheit zurückgebracht, wie es in Urzeiten der Menschheit bei jedermann am Tage und im Wachen gewesen sein mag. Willkürlich und verworren, wie es ist, verwechselt es fortwährend die Dinge auf Grund der flüchtigsten Ähnlichkeiten: aber mit der selben Willkür und Verworrenheit dichteten die Völker ihre Mythologien, und noch jetzt pflegen Reisende zu beobachten, wie sehr der Wilde zur Vergesslichkeit neigt, wie sein Geist nach kurzer Anspannung des Gedächtnisses hin und her zu taumeln beginnt und er, aus bloßer Erschlaffung, Lügen und Unsinn hervorbringt. Aber wir Alle gleichen im Traume diesem Wilden; das schlechte Wiedererkennen und irrtümliche Gleichsetzen ist der Grund des schlechten Schließens, dessen wir uns im Traume schuldig machen: so dass wir, bei deutlicher Vergegenwärtigung eines Traumes, vor uns erschrecken, weil wir so viel Narrheit in uns bergen. – Die vollkommene Deut-

lichkeit aller Traum-Vorstellungen, welche den unbedingten Glauben an ihre Realität zur Voraussetzung hat, erinnert uns wieder an Zustände früherer Menschheit, in der die Hallucination außerordentlich häufig war und mitunter ganze Gemeinden, ganze Völker gleichzeitig ergriff. Also: im Schlaf und Traum machen wir das Pensum früheren Menschentums noch einmal durch. MA

Krankheit

Wert der Krankheit. – Der Mensch, der krank zu Bette liegt, kommt mitunter dahinter, dass er für gewöhnlich an seinem Amte, Geschäfte oder an seiner Gesellschaft krank ist und durch sie jede Besonnenheit über sich verloren hat: er gewinnt diese Weisheit aus der Muße, zu welcher ihn seine Krankheit zwingt. MA

Alles verletzt. Mensch und Ding kommen zudringlich nahe, die Erlebnisse treffen zu tief, die Erinnerung ist eine eiternde Wunde. Kranksein ist eine Art Ressentiment selbst. – Hiergegen hat der Kranke nur Ein großes Heilmittel – ich nenne es den russischen Fatalismus, jenen Fatalismus ohne Revolte, mit dem sich ein russischer Soldat, dem der Feldzug zu hart wird, zuletzt in den Schnee legt. Nichts überhaupt mehr annehmen, an sich nehmen, in sich hineinnehmen, – überhaupt nicht mehr reagieren ... Die große Vernunft dieses Fatalismus, der nicht immer nur der Mut zum Tode ist, als lebenerhaltend unter den lebensgefährlichsten Umständen, ist die Herabsetzung des Stoffwechsels, dessen Verlangsamung, eine Art Wille zum Winterschlaf. Ein paar Schritte weiter in dieser Logik, und man hat den Fakir, der wochenlang in einem Grabe schläft ... Weil man zu schnell sich verbrauchen würde, wenn man überhaupt reagierte, reagiert man gar nicht mehr: dies ist die Logik. Und mit Nichts brennt man rascher ab, als mit den Ressentiments-Affekten.[EH]

Die Krankheit löste mich langsam heraus: sie ersparte mir jeden Bruch, jeden gewalttätigen und anstößigen Schritt. Ich habe kein Wohlwollen damals eingebüßt und viel noch hinzugewonnen. Die Krankheit gab mir insgleichen ein Recht zu einer vollkommnen Umkehr aller meiner Gewohnheiten; sie erlaubte, sie gebot mir Vergessen; sie beschenkte mich mit der Nötigung zum Stillliegen, zum Müßiggang, zum Warten und Geduldigsein ... Aber das heißt ja denken! ... Meine Augen allein machten ein Ende mit aller Bücherwürmerei, auf deutsch: Philologie: ich war vom „Buch“ erlöst, ich las jahrelang Nichts mehr – die größte Wohltat, die ich mir je erwiesen habe! – Jenes unterste Selbst, gleichsam verschüttet, gleichsam still geworden unter einem beständigen Hören-Müssen auf andre Selbste (– und das heißt ja lesen!) erwachte langsam, schüchtern, zweifelhaft, – aber endlich redete es wieder. Nie habe ich so viel Glück an mir gehabt, als in den kränksten und schmerzhaftesten Zeiten meines Lebens (…).[EH]

Alle krankhaften Störungen des Intellekts, selbst jene Halbbetäubung, die das Fieber im Gefolge hat, sind mir bis heute gänzlich fremde Dinge geblieben, über deren Natur und Häufigkeit ich mich erst auf gelehrtem Wege zu unterrichten hatte. Mein Blut läuft langsam. Niemand hat je an mir Fieber constatieren können. Ein Arzt, der mich länger als Nervenkranken behandelte, sagte schließlich: „nein! an Ihren Nerven liegt's nicht, ich selber bin nur nervös." Schlechterdings unnachweisbar irgend eine lokale Entartung; kein organisch bedingtes Magenleiden, wie sehr auch immer, als Folge der Gesamterschöpfung, die tiefste Schwäche des gastrischen Systems. Auch das Augenleiden, dem Blindwerden zeitweilig sich gefährlich annähernd, nur Folge, nicht ursächlich: so dass mit jeder Zunahme an Lebenskraft auch die Sehkraft wieder zugenommen hat. – Eine lange, allzulange Reihe von Jahren bedeutet bei mir Genesung, – sie bedeutet leider auch zugleich Rückfall, Verfall, Periodik einer Art décadence. Brauche ich, nach alledem, zu sagen, dass ich in Fragen der décadence erfahren bin? Ich habe sie vorwärts und rückwärts buchstabiert. Selbst jene Filigran-Kunst des Greifens und Begreifens überhaupt, jene Finger für nuances, jene Psychologie des „Um-die-Ecke-sehns" und was sonst mir eignet, ward damals erst erlernt, ist das eigentliche Geschenk jener Zeit, in der Alles sich bei mir verfeinerte, die Beobachtung selbst wie alle Organe der Beobachtung.[EH]

Ein typisch morbides Wesen kann nicht gesund werden, noch weniger sich selbst gesund machen; für einen typisch Gesunden kann umgekehrt Kranksein sogar ein energisches Stimulans zum Leben, zum Mehr-leben sein. So in der Tat erscheint mir jetzt jene lange Krankheits-Zeit: ich entdeckte das Leben gleichsam neu, mich selber eingerechnet, ich schmeckte alle guten und selbst kleinen Dinge, wie sie Andre nicht leicht schmekken könnten, – ich machte aus meinem Willen zur Gesundheit, zum Leben, meine Philosophie … Denn man gebe Acht darauf: die Jahre meiner niedrigsten Vitalität waren es, wo ich aufhörte, Pessimist zu sein: der Instinkt der Selbst-Wiederherstellung verbot mir eine Philosophie der Armut und Entmutigung …[EH]

Langsame Curen. – Die chronischen Krankheiten der Seele entstehen wie die des Leibes, sehr selten nur durch einmalige grobe Vergehungen gegen die Vernunft von Leib und Seele, sondern gewöhnlich durch zahllose unbemerkte kleine Nachlässigkeiten. – Wer zum Beispiel Tag für Tag um einen noch so unbedeutenden Grad zu schwach atmet und zu wenig Luft in die Lunge nimmt, sodass sie als Ganzes nicht hinreichend angestrengt und geübt wird, trägt endlich ein chronisches Lungenleiden davon: in einem solchen Falle kann die Heilung auf keinem anderen Wege erfolgen, als dass wiederum zahllose kleine Übungen des Gegenteils vorgenommen und unvermerkt andere Gewohnheiten gepflegt werden, zum Beispiel, wenn man sich zur Regel macht, alle Viertelstunden des Tages Einmal stark und tief aufzuatmen (womöglich platt am Boden liegend; eine Uhr, welche die Viertelstunden schlägt, muss dabei zur Lebensgefährtin gewählt werden). Langsam und kleinlich sind alle diese Curen; auch wer seine Seele heilen will, soll über die Veränderung der kleinsten Gewohnheiten nachdenken. Mancher sagt zehnmal des Tages ein böses kaltes Wort an seine Umgebung und denkt sich Wenig dabei, namentlich nicht, dass nach einigen Jahren er ein Gesetz der Gewohnheit über sich geschaffen hat, welches ihn nunmehr nötigt, zehnmal jedes Tages seine Umgebung zu verstimmen. Aber er kann sich auch daran gewöhnen, ihr zehnmal wohlzutun! MR

Ein Schritt weiter in der Genesung: und der freie Geist nähert sich wieder dem Leben, langsam freilich, fast widerspenstig, fast misstrauisch. Es wird wieder wärmer um ihn, gelber gleichsam; Gefühl und Mitgefühl bekommen Tiefe, Tauwinde aller Art gehen über ihn weg. Fast ist ihm zu Mute, als ob ihm jetzt erst die Augen für das Nahe aufgingen. Er ist verwundert und sitzt stille: wo war er doch? Diese nahen und nächsten Dinge: wie scheinen sie ihm verwandelt! welchen Flaum und Zauber haben sie inzwischen bekommen! Er blickt dankbar zurück, – dankbar seiner Wanderschaft, seiner Härte und Selbstentfremdung, seinen Fernblicken und Vogelflügen in kalte Höhen. Wie gut, dass er nicht wie ein zärtlicher dumpfer Eckensteher immer „zu Hause", immer „bei sich" geblieben ist! er war außer sich: es ist kein Zweifel. Jetzt erst sieht er sich selbst –, und welche Überraschungen findet er dabei! Welche unerprobten Schauder! Welches Glück noch in der Müdigkeit, der alten Krankheit, den Rückfällen des Genesenden! Wie es ihm gefällt, leidend stillzusitzen, Geduld zu spinnen, in der Sonne zu liegen! Wer versteht sich gleich ihm auf das Glück im Winter, auf die Sonnenflecke an der Mauer! Es sind die dankbarsten Tiere von der Welt, auch die bescheidensten, diese dem Leben wieder halb zugewendeten Genesenden und Eidechsen: – es gibt solche unter ihnen, die keinen Tag von sich lassen, ohne ihm ein kleines Loblied an den nachschleppenden Saum zu hängen. Und ernstlich geredet: es ist eine gründliche Kur gegen allen Pessimismus (den Krebsschaden alter Idealisten und Lügenbolde, wie bekannt –) auf die Art dieser freien Geister krank zu werden, eine gute Weile krank zu bleiben und dann, noch länger, noch länger, gesund, ich meine ‚gesünder" zu werden. Es ist Weisheit darin, Lebens-Weisheit, sich die Gesundheit selbst lange Zeit nur in kleinen Dosen zu verordnen.MA

Im Gefrierpunkt des Willens. – „Endlich einmal kommt sie doch, jene Stunde, die dich in die goldene Wolke der Schmerzlosigkeit einhüllen wird: wo die Seele ihre eigene Müdigkeit genießt und glücklich im geduldigen Spiele mit ihrer Geduld den Wellen eines Sees gleicht, die an einem ruhigen Sommertage, im Widerglanze eines buntgefärbten Abendhimmels, am Ufer schlürfen, schlürfen und wieder stille sind – ohne Ende, ohne Zweck, ohne Sättigung, ohne Bedürfnis, – ganz Ruhe, die sich am Wechsel freut, ganz Zurückebben und Einfluten in den Pulsschlag der Natur." Dies ist Empfindung und Rede aller Kranken: erreichen sie aber jene Stunden, so kommt, nach kurzem Genusse, die Langeweile. Diese aber ist der Tauwind für den eingefrornen Willen: er erwacht, bewegt sich und zeugt wieder Wunsch auf Wunsch. – Wünschen ist ein Anzeichen von Genesung oder Besserung. MA

Am Anfang war der Überdruss

KIRCHE, GOTT UND TEUFEL

Im Zentrum von Nietzsches Religionskritik stehen seine Umdeutungen, Gegenlektüren, Interpretationen der Schöpfungsgeschichte. Gott habe aus reiner Langeweile die Schöpfung entworfen, der Mensch und die anderen Geschöpfe seien nichts als der Zeitvertreib eines allmächtigen Décadents. Nietzsches Genesis ist eine Urwelt des Zynismus und der Arroganz: Ziellos, voller Ekel, gelangweilt erschafft dieser Gott Menschen. Ob sie seinem Bilde entsprechen, davon spricht Nietzsche nicht, doch erzählt er mit seinen polemischen, atheistischen Tiraden auch die Schöpfungsgeschichte der Langeweile. Am Anfang war der Überdruss, so ließe sich die Formel seines Denkens über den Ursprung benennen.

So wundert es nicht, dass Nietzsche auch in der Ausübung des Glaubens, und gerade in Frömmigkeit und Askese, nichts als einen Ausdruck der Langeweile sieht. Der Fromme ist „beschäftigt, also ohne Langeweile, und hat doch keine Anregung des Eigenwillens und der Leidenschaft dabei". Der Polemiker Nietzsche psychologisiert den Glauben. Für ihn sind Religion und Kirche rein weltliche Instanzen, große Verabredungen zur Unterwerfung der Menschen. Dabei denunziert Nietzsche nicht Versenkung und Weltabkehr als solche. Was er nicht erträgt, ist, dass etwas Anderes als seine nachmetaphysische Philosophie versucht, die Sehnsucht der Menschen nach Kontemplation zu stillen. Deshalb auch klingt sein hintergründiges, schreiend doppelsinniges Lob für den ansonsten heftig verachteten Martin Luther, dieser habe die vita contemplativa aus den Zwängen des Christentums befreit, wie Spott. Die Kirche, klagt Nietzsche, hat das Bedürfnis der Menschen zur Einkehr und Sammlung usurpiert und missbraucht. Was er predigt, ist eine „unchristliche vita contemplativa".

Kirche und Glaube

Der Vorteil der Kirche, wie der Russlands ist: sie können warten.[F5]

In mancher Hinsicht sucht sich auch der Asket das Leben leicht zu machen, und zwar gewöhnlich durch die vollkommene Unterordnung unter einen fremden Willen oder unter ein umfängliches Gesetz und Ritual; etwa in der Art, wie der Brahmane durchaus Nichts seiner eigenen Bestimmung überlässt und sich in jeder Minute durch eine heilige Vorschrift bestimmt. Diese Unterordnung ist ein mächtiges Mittel, um über sich Herr zu werden; man ist beschäftigt, also ohne Langeweile, und hat doch keine Anregung des Eigenwillens und der Leidenschaft dabei; nach vollbrachter Tat fehlt das Gefühl der Verantwortung und damit die Qual der Reue. Man hat ein für alle Mal auf eigenen Willen verzichtet, und dies ist leichter, als nur gelegentlich einmal zu verzichten; sowie es auch leichter ist, einer Begierde ganz zu entsagen, als in ihr Maß zu halten.[MA]

Bald übt der Heilige jenen Trotz gegen sich selbst, der ein naher Verwandter der Herrschsucht ist und auch dem Einsamsten noch das Gefühl der Macht gibt; bald springt seine angeschwellte Empfindung aus dem Verlangen, seine Leidenschaften dahinschießen zu lassen, über in das Verlangen, sie wie wilde Rosse zusammenstürzen zu machen, unter dem mächtigen Druck einer stolzen Seele; bald will er ein völliges Aufhören aller störenden, quälenden, reizenden Empfindungen, einen wachen Schlaf, ein dauerndes Ausruhen im Schoße einer dumpfen, tier- und pflanzenhaften Indolenz; bald sucht er den Kampf und entzündet ihn in sich, weil ihm die Langeweile ihr gähnendes Gesicht entgegenhält.[MA]

Der Wert des Gebetes. – Das Gebet ist für solche Menschen erfunden, welche eigentlich nie von sich aus Gedanken haben und denen eine Erhebung der Seele unbekannt ist oder unbemerkt verläuft: was sollen Diese an heiligen Stätten und in allen wichtigen Lagen des Lebens, welche Ruhe und eine Art Würde erfordern? Damit sie wenigstens nicht stören, hat die Weisheit aller Religionsstifter, der kleinen wie der großen, ihnen die Formel des

Gebetes anbefohlen, als eine lange mechanische Arbeit der Lippen, verbunden mit Anstrengung des Gedächtnisses und mit einer gleichen festgesetzten Haltung von Händen und Füßen und Augen! Da mögen sie nun gleich den Tibetanern ihr „om mane padme hum“ unzählige Male wiederkäuen, oder, wie in Benares, den Namen des Gottes Ram-Ram-Ram (und so weiter mit oder ohne Grazie) an den Fingern abzählen: oder den Wischnu mit seinen tausend, den Allah mit seinen neunundneunzig Anrufnamen ehren: oder sie mögen sich der Gebetmühlen und der Rosenkränze bedienen, – die Hauptsache ist, dass sie mit dieser Arbeit für eine Zeit festgemacht sind und einen erträglichen Anblick gewähren: ihre Art Gebet ist zum Vorteil der Frommen erfunden, welche Gedanken und Erhebungen von sich aus kennen. Und selbst Diese haben ihre müden Stunden, wo ihnen eine Reihe ehrwürdiger Worte und Klänge und eine fromme Mechanik wohltut. Aber angenommen, dass diese seltenen Menschen – in jeder Religion ist der religiöse Mensch eine Ausnahme – sich zu helfen wissen: jene Armen im Geiste wissen sich nicht zu helfen, und ihnen das Gebets-Geklapper verbieten heißt ihnen ihre Religion nehmen: wie es der Protestantismus mehr und mehr an den Tag bringt. Die Religion will von Solchen eben nicht mehr, als dass sie Ruhehalten, mit Augen, Händen, Beinen und Organen aller Art: dadurch werden sie zeitweilig verschönert und – menschenähnlicher! FW

Luther der große Wohltäter. – Das Bedeutendste, was Luther gewirkt hat, liegt in dem Misstrauen, welches er gegen die Heiligen und die ganze christliche vita contemplativa geweckt hat: seitdem erst ist der Weg zu einer unchristlichen vita contemplativa in Europa wieder zugänglich geworden und der Verachtung der weltlichen Tätigkeit und der Laien ein Ziel gesetzt. Luther, der ein wackerer Bergmannssohn blieb, als man ihn in's Kloster gesperrt hatte und hier, in Ermangelung anderer Tiefen und „Teufen", in sich einstieg und schreckliche dunkle Gänge bohrte, – er merkte endlich, dass ein beschauliches heiliges Leben ihm unmöglich sei und dass seine angeborene „Activität" in Seele und Leib ihn zu Grunde richten werde. Allzulange versuchte er mit Kasteiungen den Weg zum Heiligen zu finden, – endlich fasste er seinen Entschluss und sagte bei sich: „es gibt gar keine wirkliche vita contemplativa! Wir haben uns betrügen lassen! Die Heiligen sind nicht mehr wert gewesen, als wir Alle." – Das war freilich eine bäuerische Art, Recht zu behalten, – aber für Deutsche jener Zeit die rechte und einzige: wie erbaute es sie, nun in ihrem Lutherischen Katechismus zu lesen: „außer den zehn Geboten gibt es kein Werk, das Gott gefallen könnte, – die gerühmten geistlichen Werke der Heiligen sind selbsterdachte." MR

Gott und Teufel

Das Urteil des Abends. – Wer über sein Tages und Lebenswerk nachdenkt, wenn er am Ende und müde ist, kommt gewöhnlich zu einer melancholischen Betrachtung: das liegt aber nicht am Tage und am Leben, sondern an der Müdigkeit. Mitten im Schaffen nehmen wir uns gewöhnlich keine Zeit zu Urteilen über das Leben und das Dasein, und mitten im Genießen auch nicht: kommt es aber [...] dazu, so geben wir Dem nicht mehr Recht, welcher auf den siebenten Tag und die Ruhe wartete, um Alles, was da ist, sehr schön zu finden, – er hatte den besseren Augenblick verpasst.[MR]

Der alte Gott, ganz „Geist“, ganz Hohe<r>priester, ganz Vollkommenheit, lustwandelt in seinem Garten: nur dass er sich langweilt. Gegen die Langeweile kämpfen Götter selbst vergebens. Was tut er? Er erfindet den Menschen, – der Mensch ist unterhaltend … Aber siehe da, auch der Mensch langweilt sich. Das Erbarmen Gottes mit der einzigen Not, die alle Paradiese an sich haben, kennt keine Grenzen: er schuf alsbald noch andre Tiere. Erster Fehlgriff Gottes: der Mensch fand die Tiere nicht unterhaltend, – er herrschte über sie, er wollte nicht einmal „Tier“ sein. – Folglich schuf Gott das Weib. Und in der Tat, mit der Langeweile hatte es nun ein Ende, – aber auch mit Anderem noch! Das Weib war der zweite Fehlgriff Gottes. – „Das Weib ist seinem Wesen nach Schlange,

Heva" – das weiß jeder Priester; „vom Weib kommt jedes Unheil in der Welt" – das weiß ebenfalls jeder Priester. „Folglich kommt von ihm auch die Wissenschaft" ... Erst durch das Weib lernte der Mensch vom Baume der Erkenntnis kosten. – Was war geschehn? Den alten Gott ergriff eine Höllenangst. Der Mensch selbst war sein größter Fehlgriff geworden, er hatte sich einen Rivalen geschaffen, die Wissenschaft macht gottgleich, – es ist mit Priestern und Göttern zu Ende, wenn der Mensch wissenschaftlich wird! – Moral: die Wissenschaft ist das Verbotene an sich, – sie allein ist verboten. Die Wissenschaft ist die erste Sünde, der Keim aller Sünde, die Erbsünde. Dies allein ist Moral. – „Du sollst nicht erkennen". – der Rest folgt daraus. – Die Höllenangst Gottes verhinderte ihn nicht, klug zu sein. Wie wehrt man sich gegen die Wissenschaft? das wurde für lange sein Hauptproblem. Antwort: fort mit dem Menschen aus dem Paradiese! Das Glück, der Müßiggang bringt auf Gedanken, – alle Gedanken sind schlechte Gedanken ... Der Mensch soll nicht denken. – Und der „Priester an sich" erfindet die Not, den Tod, die Lebensgefahr der Schwangerschaft, jede Art von Elend, Alter, Mühsal, die Krankheit vor Allem, – lauter Mittel im Kampfe mit der Wissenschaft! Die Not erlaubt dem Menschen nicht, zu denken ... Und trotzdem! entsetzlich! Das Werk der Erkenntnis türmt sich auf, himmelstürmend, götter-andämmernd, – was tun! – Der alte Gott erfindet den Krieg, er trennt die Völker, er macht, dass die Menschen sich gegenseitig vernichten (die Priester haben immer den Krieg nötig gehabt …) Der Krieg – unter Anderem ein großer Störenfried der Wissenschaft! – Unglaublich! Die Erkenntnis, die Emancipation vom Priester, nimmt selbst trotz Kriegen zu. – Und ein letzter Entschluss kommt dem alten Gott: „der Mensch ward wissenschaftlich, – es hilft Nichts, man muss ihn ersäufen!“ [AC]

Ein Gott der Liebe könnte eines Tags sprechen, gelangweilt durch seine Tugend: „versuchen wir's einmal mit der Teufelei!“ Und siehe da, ein neuer Ursprung des Bösen! Aus Langeweile und Tugend! [F5]

Theologisch geredet – man höre zu, denn ich rede selten als Theologe – war es Gott selber, der sich als Schlange am Ende seines Tagewerks unter den Baum der Erkenntnis legte: er erholte sich so davon, Gott zu sein … Er hatte Alles zu schön gemacht … Der Teufel ist bloß der Müßiggang Gottes an jedem siebenten Tage … [EH]

Mut zur Langweiligkeit. – Wer den Mut nicht hat, sich und sein Werk langweilig finden zu lassen, ist gewiss kein Geist ersten Ranges, sei es in Künsten oder Wissenschaften. – Ein Spötter, der ausnahmsweise auch ein Denker wäre, könnte, bei einem Blick auf Welt und Geschichte, hinzufügen: „Gott hatte diesen Mut nicht; er hat die Dinge insgesamt zu interessant machen wollen und gemacht.“ [MA]

Gegen den langsamen Tod

Mancher wird nie süß, er fault im Sommer schon. Feigheit ist es, die ihn an seinem Aste festhält.

Viel zu Viele leben und viel zu lange hängen sie an ihren Ästen. Möchte ein Sturm kommen, der all dies Faule und Wurmfressne vom Baume schüttelt!

Möchten Prediger kommen des *schnellen* Todes! Das wären mir die rechten Stürme und Schüttler an Lebensbäumen. Aber ich höre nur den langsamen Tod predigen und Geduld mit allem „Irdischen".

Ach, ihr predigt Geduld mit dem Irdischen? Dieses Irdische ist es, das zu viel Geduld mit euch hat, ihr Lästermäuler!

Wahrlich, zu früh starb jener Hebräer, den die Prediger des langsamen Todes ehren: und Vielen ward es seitdem zum Verhängnis, dass er zu früh starb.

Noch kannte er nur Tränen und die Schwermut des Hebräers, samt dem Hasse der Guten und Gerechten, – der Hebräer Jesus: da überfiel ihn die Sehnsucht zum Tode.

Wäre er doch in der Wüste geblieben und ferne von den Guten und Gerechten! Vielleicht hätte er leben gelernt und die Erde lieben gelernt – und das Lachen dazu! ZA

Freuden beim Müßiggang

FAUL SEIN,
SICH LANGWEILEN,
VIEL SCHLAFEN

Ist der im guten Sinne Langsame der Müßige? Ist der Müßige langsam? Längst nicht jeder vermag es, sein Leben selbst in die Hand zu nehmen und das rechte Maß, den richtigen Rhythmus zu finden. Aber: „der müßige Mensch ist immer noch ein besserer Mensch als der tätige." Dass Nietzsche solche Selbstbestimmung gerade im Umgang mit der Zeit nicht als Faulheit betrachtet, muss dabei nicht besonders betont werden. Wer den Müßiggang nicht erreicht, dem entgeht das Gute am Leben.

Zugleich stellt Nietzsche eine ebenso witzige wie ernüchternde historische Schadensbilanz der Anhänger der vita contemplativa auf: Haben die Religiösen, Künstler, Philosophen und Gelehrten den Menschen der vita activa genutzt? Haben sie Hilfe, Glück, Freundlichkeit und Freude gespendet? Wie es scheint, ist es keine leichte Aufgabe, der Gabe der Muße gerecht zu werden.

„Es ist aber ein edel Ding um Muße und Müßiggehen." Müßiggang ist etwas Anderes als Langeweile, die Nietzsche als „Gewöhnung an Arbeit überhaupt" beschreibt. Je mehr wir arbeiten, desto stärker wächst die seelische Abhängigkeit von der Arbeit, das Gefühl der Langeweile. Wir können sie überwinden durch das Spiel, und vielleicht finden wir zu jenem „dritten Zustand, welcher sich zum Spiel verhält, wie Schweben zum Tanzen, wie Tanzen zum Gehen, nach einer seligen, ruhigen Bewegtheit: es ist die Vision der Künstler und Philosophen von dem Glück." Dass aber dieses „Wir" die weibliche Hälfte der Menschheit einschließen könne, muss wohl bezweifelt werden. Zur „höheren Kultur" im Geiste Nietzsche gehört offenbar auch das Bekenntnis zur Misogynie. Zunächst noch lässt er die Frauen, immerhin, als verklärte Wesen da draußen auf einem Segelschiff als „stille zauberhafte Wesen" am einsamen Beobachter vorübergleiten; bei näherem Hinsehen aber scheint ihm dann doch alles etwas anders zu sein.

Wer ist faul?

Muße und Müßiggang. – Es ist eine indianerhafte, dem Indianer-Blute eigentümliche Wildheit in der Art, wie die Amerikaner nach Gold trachten: und ihre atemlose Hast der Arbeit – das eigentliche Laster der neuen Welt – beginnt bereits durch Ansteckung das alte Europa wild zu machen und eine ganz wunderliche Geistlosigkeit darüber zu breiten. Man schämt sich jetzt schon der Ruhe; das lange Nachsinnen macht beinahe Gewissensbisse. Man denkt mit der Uhr in der Hand, wie man zu Mittag isst, das Auge auf das Börsenblatt gerichtet, – man lebt, wie Einer, der fortwährend Etwas „versäumen könnte". „Lieber irgend Etwas tun, als Nichts“ – auch dieser Grundsatz ist eine Schnur, um aller Bildung und allem höheren Geschmack den Garaus zu machen. Und so wie sichtlich alle Formen an dieser Hast der Arbeitenden zu Grunde gehen: so geht auch das Gefühl für die Form selber, das Ohr und Auge für die Melodie der Bewegungen zu Grunde. Der Beweis dafür liegt in der jetzt überall geforderten plumpen Deutlichkeit, in allen den Lagen, wo der Mensch einmal redlich mit Menschen sein will, im Verkehre mit Freunden, Frauen, Verwandten, Kindern, Lehrern, Schülern, Führern und Fürsten, – man hat keine Zeit und keine Kraft mehr für die Ceremonien, für die Verbindlichkeit mit Umwegen, für allen Esprit der Unterhaltung und überhaupt für alles Otium. Denn das Leben auf der Jagd nach Gewinn zwingt fortwährend dazu, seinen Geist bis zur Erschöpfung auszugeben, im beständigen Sich-Verstellen oder Überlisten oder Zuvorkommen: die eigentliche Tugend ist jetzt, Etwas in weniger Zeit zu tun, als ein Anderer. Und so gibt es nur selten Stunden der erlaubten Redlichkeit: in diesen aber ist man müde und möchte sich nicht nur „gehen lassen“, sondern lang und breit und plump sich hinstrecken. Gemäß diesem Hange schreibt man jetzt seine Briefe; deren Stil und Geist immer das eigentliche „Zeichen der Zeit“ sein werden. Gibt es noch ein Vergnügen an Gesellschaft und an Künsten, so ist es ein Vergnügen, wie es müdegearbeitete Sclaven sich zurecht machen. Oh über diese Genügsamkeit der „Freude“ bei unsern Gebildeten und Ungebildeten! Oh über diese zunehmende Verdächtigung aller Freude! Die Arbeit bekommt immer mehr alles gute Gewissen auf ihre Seite: der Hang zur Freude nennt sich bereits „Bedürfnis der Erholung“ und fängt an, sich vor sich selber zu schämen. „Man ist es seiner Gesundheit schuldig“ – so redet man, wenn man auf einer Landpartie ertappt wird. Ja, es könnte bald so weit kommen, dass man einem Hange zur vita contemplativa (das heißt zum Spazierengehen mit Gedanken und Freunden) nicht ohne Selbstverachtung und schlechtes Gewissen nachgäbe. – Nun! Ehedem war es umgekehrt: die Arbeit hatte das schlechte Gewissen auf sich. Ein Mensch von guter Abkunft verbarg seine Arbeit, wenn die Not ihn zum Arbeiten zwang. Der Sclave arbeitete unter dem Druck des Gefühls, dass er etwas Verächtliches tue: – das „Tun“ selber war etwas Verächtliches. „Die Vornehmheit und die Ehre sind allein bei otium und bellum“: so klang die Stimme des antiken Vorurteils! [FW]

Kultur und Kaste. – Eine höhere Kultur kann allein dort entstehen, wo es zwei unterschiedene Kasten der Gesellschaft gibt: die der Arbeitenden und die der Müßigen, zu wahrer Muße Befähigten; oder mit stärkerem Ausdruck: die Kaste der Zwangs-Arbeit und die Kaste der Frei-Arbeit. Der Gesichtspunkt der Verteilung des Glücks ist nicht wesentlich, wenn es sich um die Erzeugung einer höheren Kultur handelt; jedenfalls aber ist die Kaste der Müßigen die leidensfähigere, leidendere, ihr Behagen am Dasein ist geringer, ihre Aufgabe größer. Findet nun gar ein Austausch der beiden Kasten statt, so, dass die stumpferen, ungeistigeren Familien und Einzelnen aus der oberen Kaste in die niedere herabgesetzt werden und wiederum die freieren Menschen aus dieser den Zutritt zur höheren erlangen: so ist ein Zustand erreicht, über den hinaus man nur noch das offene Meer unbestimmter Wünsche sieht. – So redet die verklingende Stimme der alten Zeit zu uns; aber wo sind noch Ohren, sie zu hören? MA

Zu Gunsten der Müßigen. – Zum Zeichen dafür, dass die Schätzung des beschaulichen Lebens abgenommen hat, wetteifern die Gelehrten jetzt mit den tätigen Menschen in einer Art von hastigem Genusse, so dass sie also diese Art, zu genießen, höher zu schätzen scheinen, als die, welche ihnen eigentlich zukommt und welche in der Tat viel mehr Genuss ist. Die Gelehrten schämen sich des otium. Es ist aber ein edel Ding um Muße und Müßiggehen. – Wenn Müßiggang wirklich der Anfang aller Laster ist, so befindet er sich also wenigstens in der nächsten Nähe aller Tugenden; der müßige Mensch ist immer noch ein besserer Mensch als der tätige. – Ihr meint doch nicht, dass ich mit Muße und Müßiggehen auf euch ziele, ihr Faultiere? MA

Inwiefern der Tätige faul ist. – Ich glaube, dass jeder über jedes Ding, über welches Meinungen möglich sind, eine eigene Meinung haben muss, weil er selber ein eigenes, nur einmaliges Ding ist, das zu allen anderen Dingen eine neue, nie dagewesene Stellung einnimmt. Aber die Faulheit, welche im Grunde der Seele des Tätigen liegt, verhindert den Menschen, das Wasser aus seinem eigenen Brunnen zu schöpfen. – Mit der Freiheit der Meinungen steht es wie mit der Gesundheit: beide sind individuell, von beiden kann kein allgemein gültiger Begriff aufgestellt werden. Das, was das eine Individuum zu seiner Gesundheit nötig hat, ist für ein anderes schon Grund zur Erkrankung, und manche Mittel und Wege zur Freiheit des Geistes dürfen höher entwickelten Naturen als Wege und Mittel zur Unfreiheit gelten.[MA]

Wenn sich jetzt Philosophen eine Polis träumen wollten, so würde es gewiss keine Platonopolis, sondern eine Apragopolis (Stadt der Müßiggänger).[F1]

Ohne Melodie. – Es gibt Menschen, denen ein stetiges Beruhen in sich selbst und ein harmonisches Sich-zurecht-legen aller ihrer Fähigkeiten so zu eigen ist, dass ihnen jede zielesetzende Tätigkeit widerstrebt. Sie gleichen einer Musik, welche aus lauter langgezogenen harmonischen Accorden besteht, ohne dass je auch nur der Ansatz zu einer gegliederten bewegten Melodie sich zeigte. Alle

Bewegung von Außen her dient nur, dem Kahne sofort wieder sein neues Gleichgewicht auf dem See harmonischen Wohlklangs zu geben. Moderne Menschen werden gewöhnlich auf's Äußerste ungeduldig, wenn sie solchen Naturen begegnen, aus denen Nichts wird, ohne dass man ihnen sagen dürfte, dass sie Nichts sind. Aber in einzelnen Stimmungen erregt ihr Anblick jene ungewöhnliche Frage: wozu überhaupt Melodie? Warum genügt es uns nicht, wenn das Leben sich ruhevoll in einem tiefen See spiegelt? – Das Mittelalter war reicher an solchen Naturen als unsere Zeit. Wie selten trifft man noch auf einen, der so recht friedlich und froh mit sich auch im Gedränge fortleben kann, zu sich redend wie Goethe: „das Beste ist die tiefe Stille, in der ich gegen die Welt lebe und wachse, und gewinne, was sie mir mit Feuer und Schwert nicht nehmen können." MA

Zur Wertbestimmung der vita contemplativa. – Vergessen wir als Menschen der vita contemplativa nicht, welche Art von Übel und Unsegen durch die verschiedenen Nachwirkungen der Beschaulichkeit auf die Menschen der vita activa gekommen ist, – kurz, welche Gegenrechnung die vita activa uns zu machen hat, wenn wir allzu stolz mit unseren Wohltaten uns vor ihr brüsten. Erstens: die sogenannten religiösen Naturen, welche der Zahl nach unter den Contemplativen überwiegen und folglich ihre gemeinste Species abgeben, haben zu allen Zeiten dahin gewirkt, den praktischen Menschen das Leben schwer zu machen und es ihnen womöglich zu verleiden: den Himmel verdüstern, die Sonne auslöschen, die Freude verdächtigen, die Hoffnungen entwerten, die tätige Hand lähmen, – das haben sie verstanden, ebenso wie sie für elende Zeiten und Empfindungen ihre Tröstungen, Almosen, Handreichungen und Segenssprüche gehabt haben. Zweitens: die Künstler, etwas seltener als die Religiösen, aber doch immer noch eine häufige Art von Menschen der vita contemplativa, sind als Personen zumeist unleidlich, launisch, neidisch, gewaltsam, unfriedlich gewesen: diese Wirkung ist von den erheiternden und erhebenden Wirkungen ihrer Werke in Abzug zu bringen. Drittens: die Philosophen, eine Gattung, in der sich religiöse und künstlerische Kräfte beisammen vorfinden, doch so, dass etwas Drittes, das Dialektische, die Lust am Demonstrieren, noch daneben Platz hat, sind die Urheber von Übeln nach der Weise der Religiösen und der Künstler gewesen und haben noch dazu durch ihren dialektischen Hang vielen Menschen Langeweile gemacht; doch war ihre Zahl immer sehr klein. Viertens: die Denker und die wissenschaftlichen Arbeiter; sie waren selten auf Wirkungen aus, sondern gruben sich still ihre Maulwurfslöcher. So haben sie wenig Verdruss und Unbehagen gemacht und oft als Gegenstand des Spottes und Gelächters sogar, ohne es zu wollen, den Menschen der vita activa das Leben erleichtert. Zuletzt ist die Wissenschaft doch etwas sehr

Nützliches für Alle geworden: wenn dieses Nutzens halber jetzt sehr viele zur vita activa Vorherbestimmte sich einen Weg zur Wissenschaft bahnen, im Schweiße ihres Angesichts und nicht ohne Kopfzerbrechen und Verwünschungen, so trägt doch an solchem Ungemach die Schaar der Denker und wissenschaftlichen Arbeiter keine Schuld; es ist „selbstgeschaffene Pein“.[MR]

Langeweile

Der Einsame spricht. – Man erntet als Lohn für vielen Überdruss, Missmut, Langeweile – wie dies alles eine Einsamkeit ohne Freunde, Bücher, Pflichten, Leidenschaften mit sich bringen muss – jene Viertelstunden tiefster Einkehr in sich und die Natur. Wer sich völlig gegen die Langeweile verschanzt, verschanzt sich auch gegen sich selber: den kräftigsten Labetrunk aus dem eigenen innersten Born wird er nie zu trinken bekommen.[MA]

Langeweile und Spiel. – Das Bedürfnis zwingt uns zur Arbeit, mit deren Ertrage das Bedürfnis gestillt wird; das immer neue Erwachen der Bedürfnisse gewöhnt uns an die Arbeit. In den Pausen aber, in welchen die Bedürfnisse gestillt sind und gleichsam schlafen, überfällt uns die Langeweile. Was ist diese? Es ist die Gewöhnung an Arbeit überhaupt, welche sich jetzt als neues, hinzukommendes Bedürfnis geltend macht; sie wird um so stärker sein, je stärker Jemand gewöhnt ist zu arbeiten, vielleicht sogar je stärker Jemand an Bedürfnissen gelitten hat. Um der Langeweile zu entgehen, arbeitet der Mensch entweder über das Maß seiner sonstigen Bedürfnisse hinaus oder er erfindet das Spiel, das heißt die Arbeit, welche kein anderes Bedürfnis stillen soll, als das nach Arbeit überhaupt. Wer des Spieles überdrüssig geworden ist und durch neue Bedürfnisse keinen Grund zur Arbeit hat, den überfällt mitunter das Verlangen nach einem dritten Zustand, welcher sich zum Spiel verhält, wie Schweben zum Tanzen, wie Tanzen zum Gehen, nach einer seligen, ruhigen Bewegtheit: es ist die Vision der Künstler und Philosophen von dem Glück. [MA]

Zunahme des Interessanten. – Im Verlaufe der höheren Bildung wird dem Menschen Alles interessant, er weiß die belehrende Seite einer Sache rasch zu finden und den Punkt anzugeben, wo eine Lücke seines Denkens mit ihr ausgefüllt oder ein Gedanke durch sie bestätigt werden kann. Dabei verschwindet immer mehr die Langeweile, dabei auch die übermäßige Erregbarkeit des Gemütes. Er geht zuletzt wie ein Naturforscher unter Pflanzen, so unter Menschen herum und nimmt sich selber als ein Phänomen wahr, welches nur seinen erkennenden Trieb stark anregt. [MA]

Flucht vor der Langeweile. – Während der wirkliche Denker nichts mehr ersehnt als Muße, flieht der gewöhnliche Gelehrte vor ihr, weil er mit ihr nichts anzufangen weiß. Seine Tröster sind die Bücher: das heißt, er hört zu, wie jemand Anderes denkt und lässt sich auf diese Art über den langen Tag hinweg unterhalten. Besonders wählt er Bücher, bei welchen seine persönliche Teilnahme irgendwie angeregt wird, wo er ein wenig, durch Neigung oder Abneigung, in Affect geraten kann: also Bücher, wo er selbst in Betrachtung gezogen wird oder sein Stand, seine politische oder ästhetische oder auch nur grammatische Lehrmeinung; hat er gar eine eigne Wissenschaft, so fehlt es ihm nie an Mitteln der Unterhaltung und an Fliegenklappen gegen die Langeweile.[UB]

Lebensalter und Wahrheit. – Junge Leute lieben das Interessante und Absonderliche, gleichgültig wie wahr oder falsch es ist. Reifere Geister lieben Das an der Wahrheit, was an ihr interessant und absonderlich ist. Ausgereifte Köpfe endlich lieben die Wahrheit auch in Dem, wo sie schlicht und einfältig erscheint und dem gewöhnlichen Menschen Langeweile macht, weil sie gemerkt haben, dass die Wahrheit das Höchste an Geist, was sie besitzt, mit der Miene der Einfalt zu sagen pflegt.[MA]

Esprit und Moral. – Der Deutsche, welcher sich auf das Geheimnis versteht, mit Geist, Wissen und Gemüt langweilig zu sein, und sich gewöhnt hat, die Langeweile als moralisch zu empfinden, – hat vor dem französischen esprit die Angst, er möchte der Moral die Augen ausstechen – und doch eine Angst und Lust, wie das Vöglein vor der Klapperschlange. Von den berühmten Deutschen hat vielleicht Niemand mehr esprit gehabt, als Hegel, – aber er hatte dafür auch eine so große deutsche Angst vor ihm, dass sie seinen eigentümlichen schlechten Stil geschaffen hat. Dessen Wesen ist nämlich, dass ein Kern umwickelt und nochmals und wiederum umwickelt wird, bis er kaum noch hindurchblickt, verschämt und neugierig, – wie „junge Frau'n durch ihre Schleier blicken", um mit dem alten Weiberhasser Aeschylus zu reden –: jener Kern ist aber ein witziger, oft vorlauter Einfall über die geistigsten Dinge, eine feine, gewagte Wortverbindung, wie so Etwas in die Gesellschaft von Denkern gehört, als Zukost der Wissenschaft, – aber in jenen Umwickelungen präsentiert es sich als abstruse Wissenschaft selber und durchaus als höchst moralische Langeweile! Da hatten die Deutschen eine ihnen erlaubte Form des esprit und sie genossen sie mit solchem ausgelassenen Entzücken, dass Schopenhauer's guter, sehr guter Verstand davor stille stand, – er hat zeitlebens gegen das Schauspiel, welches ihm die Deutschen boten, gepoltert, aber es nie sich zu erklären vermocht. MR

Arbeit und Langeweile. – Sich Arbeit suchen um des Lohnes willen – darin sind sich in den Ländern der Zivilisation jetzt fast alle Menschen gleich;

ihnen allen ist Arbeit ein Mittel, und nicht selber das Ziel; weshalb sie in der Wahl der Arbeit wenig fein sind, vorausgesetzt, dass sie einen reichlichen Gewinn abwirft. Nun gibt es seltenere Menschen, welche lieber zu Grunde gehen wollen, als ohne Lust an der Arbeit arbeiten: jene Wählerischen, schwer zu Befriedigenden, denen mit einem reichlichen Gewinn nicht gedient wird, wenn die Arbeit nicht selber der Gewinn aller Gewinne ist. Zu dieser seltenen Gattung von Menschen gehören die Künstler und Contemplativen aller Art, aber auch schon jene Müßiggänger, die ihr Leben auf der Jagd, auf Reisen oder in Liebeshändeln und Abenteuern zubringen. Alle diese wollen Arbeit und Not, sofern sie mit Lust verbunden ist, und die schwerste, härteste Arbeit, wenn es sein muss. Sonst aber sind sie von einer entschlossenen Trägheit, sei es selbst, dass Verarmung, Unehre, Gefahr der Gesundheit und des Lebens an diese Trägheit geknüpft sein sollte. Sie fürchten die Langeweile nicht so sehr, als die Arbeit ohne Lust: ja, sie haben viel Langeweile nötig, wenn ihnen ihre Arbeit gelingen soll. Für den Denker und für alle erfindsamen Geister ist Langeweile jene unangenehme „Windstille" der Seele, welche der glücklichen Fahrt und den lustigen Winden vorangeht; er muss sie ertragen, muss ihre Wirkung bei sich abwarten: – das gerade ist es, was die geringeren Naturen durchaus nicht von sich erlangen können! Langeweile auf jede Weise von sich scheuchen ist gemein: wie arbeiten ohne Lust gemein ist. Es zeichnet vielleicht die Asiaten vor den Europäern aus, dass sie einer längeren, tieferen Ruhe fähig sind, als diese; selbst ihre Narcotica wirken langsam und verlangen Geduld, im Gegensatz zu der widrigen Plötzlichkeit des europäischen Giftes, des Alkohols.[FW]

Die Frauen

Langeweile. – Viele Menschen, namentlich Frauen, empfinden die Langeweile nicht, weil sie niemals ordentlich arbeiten gelernt haben.[MA]

Kein Stillstand in der Liebe. – Ein Musiker, der das langsame Tempo liebt, wird die selben Tonstücke immer langsamer nehmen. So gibt es in keiner Liebe ein Stillstehen.[MA]

Die Ehe als langes Gespräch. – Man soll sich beim Eingehen einer Ehe die Frage vorlegen: glaubst du, dich mit dieser Frau bis in's Alter hinein gut zu unterhalten? Alles Andere in der Ehe ist transitorisch, aber die meiste Zeit des Verkehrs gehört dem Gespräche an.[MA]

Ein Urteil Hesiod's bekräftigt. – Ein Zeichen für die Klugheit der Weiber ist es, dass sie es fast überall verstanden haben, sich ernähren zu lassen, wie Drohnen im Bienenkorbe. Man erwäge doch, was das aber ursprünglich bedeuten will und warum die Männer sich nicht von den Frauen ernähren lassen. Gewiss weil die männliche Eitelkeit und Ehrsucht größer als die weibliche Klugheit ist; denn die Frauen haben es verstanden, sich durch Unterordnung doch den überwiegenden Vorteil, ja die Herrschaft zu sichern. Selbst das Pflegen der Kinder könnte ursprünglich von der Klugheit der Weiber als Vorwand benutzt sein, um sich der Arbeit möglichst zu entziehen. Auch jetzt noch verstehen sie, wenn sie wirklich tätig sind, zum Beispiel als Haushälterinnen, davon ein sinnverwirrendes Aufheben zu machen: so dass von den Männern das Verdienst ihrer Tätigkeit zehnfach überschätzt zu werden pflegt. MA

Die Frauen und ihre Wirkung in die Ferne. – Habe ich noch Ohren? Bin ich nur noch Ohr und Nichts weiter mehr? Hier stehe ich inmitten des Brandes der Brandung, deren weiße Flammen bis zu meinem Fuße heraufzüngeln: – von allen Seiten heult, droht, schreit, schrillt es auf mich zu, während in der tiefsten Tiefe der alte Erderschütterer seine Arie singt, dumpf wie ein brüllender Stier: er stampft sich dazu einen solchen Erderschütterer-Takt, dass selbst diesen verwetterten Felsunholden hier das Herz darüber im Leibe zittert. Da, plötzlich, wie aus dem Nichts geboren, erscheint vor dem Tore dieses höllischen Labyrinthes, nur wenige Klafter weit entfernt, – ein großes Segelschiff, schweigsam wie ein Gespenst dahergleitend. Oh diese gespenstische Schönheit! Mit welchem Zauber fasst sie mich an! Wie? Hat alle Ruhe und Schweigsamkeit der Welt sich hier eingeschifft? Sitzt mein Glück selber an diesem stillen Platze, mein glücklicheres Ich, mein zweites verewigtes Selbst? Nicht tot sein und doch auch nicht mehr lebend? Als ein geisterhaftes, stilles, schauendes, gleitendes, schwebendes Mittelwesen? Dem Schiffe gleichend, welches mit seinen weißen Segeln wie ein ungeheurer Schmetterling über das dunkle Meer hinläuft! Ja! Über das Dasein hinlaufen! Das ist es! Das wäre es! –. Es scheint, der Lärm hier hat mich zum Phantasten gemacht? Aller große Lärm macht, dass wir das Glück in die Stille und Ferne setzen. Wenn ein Mann inmitten seines Lärmes steht, inmitten seiner Brandung von Würfen und Entwürfen: da sieht er auch wohl stille zauberhafte Wesen an sich vorübergleiten, nach deren Glück und Zurückgezogenheit er sich sehnt, – es sind die Frauen. Fast meint er, dort bei den Frauen wohne sein besseres Selbst: an diesen stillen Plätzen werde auch die lauteste Brandung zur Totenstille und das Leben selber zum Traume über das Leben. Jedoch! Jedoch! Mein edler Schwärmer, es gibt auch auf dem schönsten Segelschiffe so viel Geräusch und Lärm und leider so viel kleinen erbärmlichen Lärm! Der Zauber und die mächtigste Wirkung der Frauen ist, um die Sprache der Philosophen zu reden, eine Wirkung in die Ferne, eine actio in distans: dazu gehört aber, zuerst und vor Allem – Distanz.[FW]

Viel schlafen

Schlaf der Tugend. – Wenn die Tugend geschlafen hat, wird sie frischer aufstehen.[MA]

Viel schlafen. – Was tun, um sich anzuregen, wenn man müde und seiner selbst satt ist? Der Eine empfiehlt die Spielbank, der Andere das Christentum, der Dritte die Electricität. Das Beste aber, mein lieber Melancholiker, ist und bleibt: viel schlafen, eigentlich und uneigentlich! So wird man auch seinen Morgen wieder haben! Das Kunststück der Lebensweisheit ist, den Schlaf jeder Art zur rechten Zeit einzuschieben wissen.[MR]

Wohlgeraten!

EXKURS FRIEDRICH ÜBER NIETZSCHE

Wie nur wenige Philosophen vor ihm spricht Nietzsche über sich und aus sich heraus. Gerade weil viele der verschiedenen „Ich"-Stimmen, die in seinen Werken auftreten, Erzähler-Figuren und nicht mit dem historischen Friedrich Nietzsche identisch sind, erlauben sie den Blick auf einen Philosophen, der die Widersprüche einer geschlossenen Systematik vorzog. Seine „Ich"-Figuren wechseln ihre Ansichten und Haltungen, sie treten als Polemiker, Hymniker, Dichter oder, ja, Philosophen auf. Und in jeder von ihnen steckt eine Seite, eine Facette, eine Nuance des Autors.

Eines ihrer liebsten Sujets bilden Werk und Leben des Herrn Friedrich Nietzsche. Im späten „Ecce homo" wird deutlich, dass er sich als die Person sieht, die das Idealbild des langsamen Menschen erfüllt. Da scheut er nicht zurück vor offensiv elegischen Tönen. Wenn er sich mit einem höheren Wesen vergleicht („Müßiggang eines Gottes"), wenn er über den „Zarathustra" schreibt, „aus einer unendlichen Lichtfülle und Glückstiefe" falle „Tropfen für Tropfen, Wort für Wort" und „eine zärtliche Langsamkeit" sei „das tempo dieser Reden", dann liegt die Vermutung nahe, hier kompensiere Nietzsche mangelnden Zuspruch durch radikales Selbstlob. Oder will diese Stimme nur eine Stimmung sein, das Aufblitzen einer heftigen Sympathie für einen, der sich dem Tempo der anderen konsequent entzieht, um wirklich „das Gegenstück eines décadent“ zu sein? Am Ende, das ahnen alle diese Stimmen, wird eine Ruhe stehen.

Die Wüste tut not

Und woran erkennt man im Grunde die *Wohlgeratenheit*! Dass ein wohlgeratner Mensch unsern Sinnen wohltut: dass er aus einem Holze geschnitzt ist, das hart, zart und wohlriechend zugleich ist. Ihm schmeckt nur, was ihm zuträglich ist; sein Gefallen, seine Lust hört auf, wo das Maß des Zuträglichen überschritten wird. Er errät Heilmittel gegen Schädigungen, er nützt schlimme Zufälle zu seinem Vorteil aus; was ihn nicht umbringt, macht ihn stärker. Er sammelt instinktiv aus Allem, was er sieht, hört, erlebt, seine Summe: er ist ein auswählendes Princip, er lässt Viel durchfallen. Er ist immer in seiner Gesellschaft, ob er mit Büchern, Menschen oder Landschaften verkehrt: er ehrt, indem er wählt, indem er zulässt, indem er vertraut. Er reagiert auf alle Art Reize langsam, mit jener Langsamkeit, die eine lange Vorsicht und ein gewollter Stolz ihm angezüchtet haben, – er prüft den Reiz, der herankommt, er ist fern davon, ihm entgegenzugehn. Er glaubt weder an „Unglück“, noch an „Schuld“: er wird fertig, mit sich, mit Anderen, er weiß zu vergessen, – er ist stark genug, dass ihm Alles zum Besten gereichen muss. – Wohlan, ich bin das Gegenstück eines décadent: denn ich beschrieb eben mich.[EH]

Ich will den Menschen die Ruhe wiedergeben, ohne welche keine Kultur werden und bestehen kann. Ebenso die *Schlichtheit.*[F2]

Auch deshalb Einsamkeit! – A: So willst du wieder in deine Wüste zurück?. – B: Ich bin nicht schnell, ich muss auf mich warten, – es wird spät, bis jedesmal das Wasser aus dem Brunnen meines Selbst an's Licht kommt, und oft muss ich länger Durst leiden, als ich Geduld habe. Deshalb gehe ich in die Einsamkeit, – um nicht aus den Cisternen für Jedermann zu trinken. Unter Vielen lebe ich wie Viele und denke nicht wie ich; nach einiger Zeit ist es mir dann immer, als wolle man mich aus mir verbannen und mir die Seele rauben – und ich werde böse auf Jedermann und fürchte Jedermann. Die Wüste tut mir dann not, um wieder gut zu werden.[MR]

Wahlspruch: ich habe keine Zeit für mich, – vorwärts![F5]

Erst am 20. September verließ ich Sils-Maria, durch Überschwemmungen zurückgehalten, zuletzt bei weitem der einzige Gast dieses wunderbaren Orts, dem meine Dankbarkeit das Geschenk eines unsterblichen Namens machen will. Nach einer Reise mit Zwischenfällen, sogar mit einer Lebensgefahr im überschwemmten Como, das ich erst tief in der Nacht erreichte, kam ich am Nachmittag des 21. in Turin an, meinem bewiesenen Ort, meiner Residenz von nun an. Ich nahm die gleiche Wohnung wieder, die ich im Frühjahr innegehabt hatte, via Carlo Alberto 6, III, gegenüber dem mächtigen palazzo Carignano, in dem Vittore Emanuele geboren ist, mit dem Blick auf die piazza Carlo Alberto und drüber hinaus aufs Hügelland. Ohne Zögern und ohne mich einen Augenblick abziehn zu lassen, ging ich wieder an die Arbeit: es war nur das letzte Viertel des Werks noch abzutun. Am 30. September großer Sieg; Beendigung der Umwertung; Müßiggang eines Gottes am Po entlang. Am gleichen Tage schrieb ich noch das Vorwort zur „Götzen-Dämmerung", deren Druckbogen zu corrigieren meine Erholung im September gewesen war.[EH]

Notizbuch – Winter: Wir gehen hässlichen schmerzhaften Szenen aus dem Wege, wir wollen nicht mitleiden. Das sind die feineren Naturen. Die gröbere geht allem nach, was aufregt und die Langeweile vertreibt; um jeden Zank, jede Prügelei sammelt sich ein Kreis. – Wo der Trieb zu helfen da ist, da wird das unangenehme Gefühl des Mitleidens überwunden: und weil dabei regelmäßig das angenehme Gefühl, seinen Trieb befriedigen zu können, entsteht, meint man selber, das Mitleiden sei angenehm. Das Helfen kann auch nur ein Trösten sein. Der Glaser bei einem Hagel! F3

Hier redet kein Fanatiker, hier wird nicht „gepredigt“, hier wird nicht Glauben verlangt: aus einer unendlichen Lichtfülle und Glückstiefe fällt Tropfen für Tropfen, Wort für Wort, eine zärtliche Langsamkeit ist das tempo dieser Reden. Dergleichen gelangt nur zu den Auserwähltesten; es ist ein Vorrecht ohne Gleichen hier Hörer zu sein; es steht Niemandem frei, für Zarathustra Ohren zu haben ... Ist Zarathustra mit Alledem nicht ein *Verführer*? EH

In diesem Buche findet man einen „Unterirdischen“ an der Arbeit, einen Bohrenden, Grabenden, Untergrabenden. Man sieht ihn, vorausgesetzt, dass man Augen für solche Arbeit der Tiefe hat –, wie er langsam, besonnen, mit sanfter Unerbittlichkeit vorwärts kommt, ohne dass die Not sich allzusehr verriete, welche jede lange Entbehrung von Licht und Luft mit sich bringt; man könnte ihn selbst bei seiner dunklen Arbeit zufrieden nennen. Scheint es nicht, dass irgend ein Glaube ihn führt, ein Trost entschädigt? Dass er vielleicht seine eigne lange Finsternis haben will, sein Unverständliches, Verborgenes, Rätselhaftes, weil er weiß, was er auch haben wird: seinen eignen Morgen, seine eigne Erlösung, seine eigne *Morgenröte*? ... Gewiss, er wird zurückkehren: fragt ihn nicht, was er da unten will, er wird es euch selbst schon sagen, dieser scheinbare Trophonios und Unterirdische, wenn er erst wieder „Mensch geworden“ ist. Man verlernt gründlich das Schweigen, wenn man so lange, wie er, Maulwurf war, allein war –.[MR]

Freilich tut, um dergestalt das Lesen als *Kunst* zu üben, Eins vor Allem not, was heutzutage gerade am Besten verlernt worden ist – und darum hat es noch Zeit bis zur „Lesbarkeit“ meiner Schriften –, zu dem man beinahe Kuh und jedenfalls *nicht* „moderner Mensch“ sein muss: *das Wiederkäuen* ...[GM]

Nun, da der Tag
Des Tages müde ward, und aller Sehnsucht Bäche
Von Neuem Trost plätschern,
auch alle Himmel, aufgehängt in Gold-Spinnnetzen,
zu jedem Müden sprechen: „ruhe nun”, –
was ruhst du nicht, du dunkles Herz,
was stachelt dich zu fußwunder Flucht

weß harrest du? [F5]

Größe, Ruhe, Sonnenlicht

DER PHILOSOPH
UND DIE ANDEREN

Woher rührt die Weisheit des Philosophen? Für Nietzsche ist die Antwort klar: Weise wird man nur durch Erfahrung, nie durch Bücher; das aber heißt, durch das Leben und auch durch den Schmerz. Wer, wie Kant, nicht lebt, versteht nichts: „Verboten ist die Vivisection; es soll den Kindern verboten werden zu lauern, wo Eier gelegt werden“, heißt es in einem nachgelassenen Fragment. Nicht die Beobachtung, sondern allein die eigene Erfahrung bildet den Boden für wirkliches Wissen: „Der Wahrheitstrieb, der den eben erlebten Moment seziert, tötet den nächsten. Solange erkannt wird, wird nicht gelebt.“ Ein wirklich emphatischer Begriff vom Leben.

Weltnah ist diese Weisheit, weil sie sich den Zwängen des Moments verweigert. Sie steht über den Aufgaben des Augenblicks. Sie stellt den Menschen stille, sie ist „nicht zeitungsgemäß“, wie es Nietzsche nennt. Ruhe, Tiefe, Lebendigkeit machen sie aus, und wenn Nietzsche auf Ruhe und Sonnenlicht setzt, meint er das wörtlich. Denken ist keine Sache allein des Kopfes.

So geht ein östlicher Ton durch seine Überlegungen zur Weisheit. Nietzsches Philosophenideal ist dem Nirvana näher als dem christlichen Himmel, in ihm verbinden sich „europäisch-amerikanische Rastlosigkeit“ und „asiatische Beschaulichkeit“. Denn: „eine solche Kombination bringt das Welträtsel zur Lösung.“ Diese Philosophie wirkt, als sei sie von Dionysos persönlich formuliert – nachmittags, draußen, in der Sonne und mit einem Lachen auf den Lippen.

Die Anderen

Xanthippe. – Sokrates fand eine Frau, wie er sie brauchte, – aber auch er hätte sie nicht gesucht, falls er sie gut genug gekannt hätte: so weit wäre auch der Heroismus dieses freien Geistes nicht gegangen. Tatsächlich trieb ihn Xanthippe in seinen eigentümlichen Beruf immer mehr hinein, indem sie ihm Haus und Heim unhäuslich und unheimlich machte: sie lehrte ihn, auf den Gassen und überall dort zu leben, wo man schwätzen und müßig sein konnte und bildete ihn damit zum größten athenischen Gassen-Dialektiker aus: der sich zuletzt selber mit einer zudringlichen Bremse vergleichen musste, welche dem schönen Pferde Athen von einem Gotte auf den Nacken gesetzt sei, um es nicht zur Ruhe kommen zu lassen.[MA]

Kant erscheint, wenn er durch seine Gedanken hindurchschimmert, als wacker und ehrenwert im besten Sinne, aber als unbedeutend: es fehlt ihm an Breite und Macht; er hat nicht zu viel erlebt, und seine Art, zu arbeiten, nimmt ihm die Zeit, Etwas zu erleben, – ich denke, wie billig, nicht an grobe „Ereignisse“ von Außen, sondern an die Schicksale und Zuckungen, denen das einsamste und stillste Leben verfällt, welches Muße hat und in der Leidenschaft des Denkens verbrennt. Schopenhauer hat einen Vorsprung vor ihm: er besitzt wenigstens eine gewisse heftige Hässlichkeit der Natur, in Hass, Begierde, Eitelkeit, Misstrauen, er ist etwas wilder angelegt und hatte Zeit und Muße für diese Wildheit. Aber ihm fehlte die „Entwickelung“: wie sie in seinem Gedankenumkreise fehlte; er hatte keine „Geschichte“. MR

Cyniker und Epikureer. – Der Cyniker erkennt den Zusammenhang zwischen den vermehrten und stärkeren Schmerzen des höher kultivierten Menschen und der Fülle von Bedürfnissen; er begreift also, dass die Menge von Meinungen über das Schöne, Schickliche, Geziemende, Erfreuende ebenso sehr reiche Genuss-, aber auch Unlustquellen entspringen lassen musste. Gemäß dieser Einsicht bildet er sich zurück, indem er viele dieser Meinungen aufgibt und sich gewissen Anforderungen der Kultur entzieht; damit gewinnt er ein Gefühl der Freiheit und der Kräftigung; und allmählich, wenn die Gewohnheit ihm seine Lebensweise erträglich macht, hat er in der Tat seltnere und schwächere Unlustempfindungen, als die kultivierten Menschen, und nähert sich dem Haustier an; überdies empfindet er Alles im Reiz des Contrastes und – schimpfen kann er ebenfalls nach Herzenslust; so dass er dadurch wieder hoch über die Empfindungswelt des Tieres hinauskommt. – Der Epikureer hat den selben Gesichtspunkt wie der Cyniker; zwischen ihm und jenem ist gewöhnlich nur ein Unterschied des Temperamentes. Sodann benutzt der Epikureer seine höhere Kultur, um sich von den herrschenden Meinungen unabhängig zu machen; er erhebt sich über dieselben, während der Cyniker nur in der Negation bleibt. Er wandelt gleichsam in windstillen, wohlgeschützten, halbdunkelen Gängen, während über ihm, im Winde, die Wipfel der Bäume brausen und ihm verraten, wie heftig bewegt da draußen die Welt ist. Der Cyniker dagegen geht gleichsam nackt draußen im Windeswehen umher und härtet sich bis zur Gefühllosigkeit ab.[MA]

Der Weise

Wir sind keine denkenden Frösche, keine Objektivier- und Registrier-Apparate mit kalt gestellten Eingeweiden, – wir müssen beständig unsre Gedanken aus unsrem Schmerz gebären und mütterlich ihnen Alles mitgeben, was wir von Blut, Herz, Feuer, Lust, Leidenschaft, Qual, Gewissen, Schicksal, Verhängnis in uns haben. Leben – das heißt für uns Alles, was wir sind, beständig in Licht und Flamme verwandeln, auch Alles, was uns trifft, wir können gar nicht anders. Und was die Krankheit angeht: würden wir nicht fast zu fragen versucht sein, ob sie uns überhaupt entbehrlich ist? Erst der große Schmerz ist der letzte Befreier des Geistes, als der Lehrmeister des großen Verdachtes, der aus jedem U ein X macht, ein echtes rechtes X, das heißt den vorletzten Buchstaben vor dem letzten ... Erst der große Schmerz, jener lange langsame Schmerz, der sich Zeit nimmt, in dem wir gleichsam wie mit grünem Holze verbrannt werden, zwingt uns Philosophen, in unsre letzte Tiefe zu steigen und alles Vertrauen, alles Gutmütige, Verschleiernde, Milde, Mittlere, wohinein wir vielleicht vordem unsre Menschlichkeit gesetzt haben, von uns zu tun. Ich zweifle, ob ein solcher Schmerz „verbessert" –; aber ich weiß, dass er uns vertieft. FW

Die Unmenschlichkeit des Weisen. – Bei dem schweren, Alles zermalmenden Gange des Weisen, welcher, nach dem buddhistischen Liede, „einsam wandelt wie das Rhinozeros", – bedarf es von Zeit zu Zeit der Zeichen einer versöhnlichen und gemilderten Menschlichkeit: und zwar nicht nur jener schnelleren Schritte, jener artigen und geselligen Wendungen des Geistes, nicht nur des Witzes und einer gewissen Selbstverspottung, sondern selbst er Widersprüche, der gelegentlichen Rückfälle in die herrschende Ungereimtheit. Damit er nicht der Walze gleiche, welche wie das Verhängnis daherrollt, muss der Weise, der lehren will, seine Fehler zu seiner Beschönigung gebrauchen, und indem er sagt „verachtet mich!“, bittet er um die Gunst, der Fürsprecher einer anmaßlichen Wahrheit zu sein. Er will euch in's Gebirge führen, er wird euer Leben vielleicht in Gefahr bringen: dafür überlässt er es euch willig, vorher und nachher, an einem solchen Führer Rache zu nehmen, – es ist der Preis, um den er sich selber den Genuss macht, voranzugehen. – Gedenkt ihr dessen, was euch durch den Sinn ging, als er euch einmal durch eine finstere Höhle auf schlüpfrigen Wegen geleitete? Wie euer Herz, klopfend und missmutig, sich sagte: „dieser Führer da könnte Besseres tun, als hier herumzukriegen! Er gehört zu einer neugierigen Art von Müßiggängern: – ist es nicht schon zu viel Ehre für ihn, dass wir ihm überhaupt einen Wert zuzuerkennen scheinen, indem wir ihm folgen?“ MR

Ein Geist aber, der seiner selbst gewiss ist, redet leise; er sucht die Verborgenheit, er lässt auf sich warten. Man erkennt einen Philosophen daran, dass er drei glänzenden und lauten Dingen aus dem Wege geht, dem Ruhme, den Fürsten und den Frauen: womit nicht gesagt ist, dass sie nicht zu ihm kämen. Er scheut allzuhelles Licht: deshalb scheut er seine Zeit und deren „Tag“. GM

Oh wie wir *glücklich* sind, wir Erkennenden, vorausgesetzt, dass wir nur lange genug zu schweigen wissen! … GM

Der Mensch kommt erst ganz langsam dahinter, wie unendlich kompliziert die Welt ist. Zuerst denkt er sie sich ganz einfach, d. h. so oberflächlich als er selbst ist.[F1]

Nun gibt es zweitens ein Maß des erlaubten Retrospectiven und des Unerlaubten. Verboten ist die Vivisection; es soll den Kindern verboten werden zu lauern, wo Eier gelegt werden. Der Wahrheitstrieb, der den eben erlebten Moment seziert, tötet den nächsten. Solange erkannt wird, wird nicht gelebt.[F1]

Das Wichtigste an der Weisheit ist, dass sie den Menschen abhält, vom Augenblick beherrscht zu werden. Sie ist deshalb nicht zeitungsgemäß: ihre Absicht ist, den Menschen für alle Schicksalsschläge gleich fest hinzustellen, für alle Zeiten zu wappnen. Sie ist wenig national.[F1]

Ich imaginiere zukünftige Denker, in denen sich die europäisch-amerikanische Rastlosigkeit mit der hundertfach vererbten asiatischen Beschaulichkeit verbindet: eine solche Kombination bringt das Welträtsel zur Lösung. Einstweilen haben die betrachtenden Freigeister ihre Mission: sie heben alle die Schranken hinweg, welche einer Verschmelzung der Menschen im Wege stehen: Religionen Staaten monarchische Instinkte Reichtums- und Armutsillusionen, Gesundheits- und Rassenvorurteile – usw.[F2]

Umschweife des Denkers. – Bei Manchen ist der Gang ihres gesamten Denkens streng und unerbittlich kühn, ja, mitunter grausam gegen sich, aber im Einzelnen sind sie milde und beugsam; sie drehen sich zehnmal um eine Sache, mit wohlwollendem Zögern, aber endlich gehen sie ihren strengen Weg weiter. Es sind Ströme mit vielen Krümmungen und abgeschiedenen Einsiedeleien; es gibt Stellen in ihrem Laufe, wo der Strom mit sich selber Versteckens spielt und sich eine kurze Idylle macht, mit Inseln, Bäumen, Grotten und Wasserfällen: und dann zieht er wieder weiter, an Felsen vorüber und sich durch das härteste Gestein zwingend. [MR]

Die Verschönerung der Wissenschaft. – Wie die Rokoko-Gartenkunst entstand, aus dem Gefühl „die Natur ist hässlich, wild, langweilig, – auf! wir wollen sie verschönern (embellir la nature)!" – so entsteht aus dem Gefühl „die Wissenschaft ist hässlich, trocken, trostlos, schwierig, langwierig, – auf! lasst uns sie verschönern!" immer wieder Etwas, das sich die Philosophie nennt. Sie will, was alle Künste und Dichtungen wollen, – vor Allem unterhalten: sie will dies aber, gemäß ihrem ererbten Stolze, in einer erhabeneren und höheren Art, vor einer Auswahl von Geistern. Für diese eine Gartenkunst zu schaffen, deren Hauptreiz wie bei jener „gemeineren" die Täuschung der Augen ist (durch Tempel, Fernblicke, Grotten, Irrpfade, Wasserfälle, um im Gleichnisse zu reden), die Wissenschaft in einem Auszuge und mit allerlei wunderbaren und plötzlichen Beleuchtungen vorzuführen und so viel Unbestimmtheit, Unvernunft und Träumerei in sie einzumischen, dass man in ihr „wie in der wilden Natur" und doch ohne Mühsal und Langeweile wandeln könne, – das ist kein geringer Ehrgeiz: wer ihn hat, träumt sogar davon, auf diese Art die Religion entbehrlich zu machen, welche bei den früheren Menschen die höchste Gattung von Unterhaltungskunst abgegeben hat. MR

Größe, Ruhe, Sonnenlicht

Eine Art von Ruhe und Beschaulichkeit. – Hüte dich, dass deine Ruhe und Beschaulichkeit nicht der des Hundes vor einem Fleischerladen gleicht, den die Furcht nicht vorwärts und die Begierde nicht rückwärts gehen lässt: und der die Augen aufsperrt, als ob sie Münder wären. MA

Tiefe und Langweiligkeit. – Bei tiefen Menschen wie bei tiefen Brunnen dauert es lange, bis etwas, das in sie fällt, ihren Grund erreicht. Die Zuschauer, welche gewöhnlich nicht lange genug warten, halten solche Menschen leicht für unbeweglich und hart – oder auch für langweilig. MA

Die Ruhe in der Tat. – Wie ein Wasserfall im Sturz langsamer und schwebender wird, so pflegt der große Mensch der Tat mit mehr Ruhe zu handeln, als seine stürmische Begierde vor der Tat es erwarten ließ.[MA]

Die „Gründlichen“. – Die Langsamen der Erkenntnis meinen, die Langsamkeit gehöre zur Erkenntnis.[FW]

Zarathustra kam nämlich des Wegs herauf, langsam, langsam: bisweilen stand er still und blickte zurück: hinter ihm aber schritt ein mächtiges gelbes Tier, gleich Zarathustra selber zögernd, langsamen Ganges und oft zurückblickend. Immer aber wenn Zarathustra den Kopf nach ihm umwandte, kam es einige Schritte schneller vorwärts, dann aber zögerte es wieder. Was geschieht da? fragten sich da die höheren Menschen, und ihre Herzen klopften; denn sie argwöhnten, dass dieses mächtige gelbe Tier ein Löwe des Gebirges sei.[F5]

Vorurteil für die kalten Menschen. – Menschen, welche rasch Feuer fangen, werden schnell kalt und sind daher im Ganzen unzuverlässig. Deshalb gibt es für alle Die, welche immer kalt sind oder sich so stellen, das günstige Vorurteil, dass es besonders vertrauenswerte zuverlässige Menschen seien: man verwechselt sie mit Denen, welche langsam Feuer fangen und es lange festhalten.[MA]

Die guten Drei. – Größe, Ruhe, Sonnenlicht – diese Drei umfassen alles, was ein Denker wünscht und auch von sich fordert: seine Hoffnungen und Pflichten, seine Ansprüche im Intellektuellen und Moralischen, sogar in der täglichen Lebensweise und selbst im Landschaftlichen seines Wohnsitzes. Ihnen entsprechen einmal *erhebende* Gedanken, sodann *beruhigende*, drittens *aufhellende* – viertens aber Gedanken, welche an allen drei Eigenschaften Anteil haben, in denen alles Irdische zur Verklärung kommt: es ist das Reich, wo die große *Dreifaltigkeit der Freude* herrscht. MA

Eine Leidenschaft

Aus der siebenten Einsamkeit. – Eines Tages warf der Wanderer eine Tür hinter sich zu, blieb stehen und weinte. Dann sagte er: „Dieser Hang und Drang zum Wahren, Wirklichen, Un-Scheinbaren, Gewissen! Wie bin ich ihm böse! Warum folgt mir gerade dieser düstere und leidenschaftliche Treiber! Ich möchte ausruhen, aber er lässt es nicht zu. Wie Vieles verführt mich nicht, zu verweilen! Es gibt überall Gärten Armidens für mich: und daher immer neue Losreißungen und neue Bitternisse des Herzens! Ich muss den Fuß weiter heben, diesen müden, verwundeten Fuß: und weil ich muss, so habe ich oft für das Schönste, das mich nicht halten konnte, einen grimmigen Rückblick, – weil es mich nicht halten konnte!" FW

In media vita. – Nein! Das Leben hat mich nicht enttäuscht! Von Jahr zu Jahr finde ich es vielmehr wahrer, begehrenswerter und geheimnisvoller, – von jenem Tage an, wo der große Befreier über mich kam, jener Gedanke, dass das Leben ein Experiment des Erkennenden sein dürfe – und nicht eine Pflicht, nicht ein Verhängnis, nicht eine Betrügerei! – Und die Erkenntnis selber: mag sie für Andere etwas Anderes sein, zum Beispiel ein Ruhebett oder der Weg zu einem Ruhebett, oder eine Unterhaltung, oder ein Müßiggang, – für mich ist sie eine Welt der Gefahren und Siege, in der auch die heroischen Gefühle ihre Tanz- und Tummelplätze haben. „Das Leben ein Mittel der Erkenntnis" – mit diesem Grundsatze im Herzen kann man nicht nur tapfer, sondern sogar fröhlich leben und fröhlich lachen! Und wer verstünde überhaupt gut zu lachen und zu leben, der sich nicht vorerst auf Krieg und Sieg gut verstünde? FW

Treppenglück der Geschichte

WIE SCHNELL DIE ZEIT VERGEHT

Wie schnell oder wie langsam vergeht die Zeit? Wie nehmen wir sie wahr? Nietzsches Nachdenken über die Geschwindigkeit des biologischen Lebens und über das richtige „moralische" Tempo bleibt nicht im Normativen stehen. Er will das Phänomen Zeit verstehen, das nie homogen ist. „Langsamkeit ist natürlich relativ", und ihre Wahrnehmung schwierig, da der Mensch und seine aus Geschichte bestehende Welt nicht ineinander aufgehen: „Für die Pflanze ist die Welt so und so – für uns so und so." Aber wir sind nicht dazu geschaffen, unsere Umwelt zu verstehen: „die Feinheit und Kleinheit alles Wachsens spottet der menschlichen Sehkraft."

Auch im Historischen gelingt uns kein genaues Bild der Welt. Der undosierte Blick zurück ist gefährlich, das Studium der Geschichte entfremdet uns unserer Gegenwart nicht nur durch falsche Vorstellungen. Die griechische Antike etwa, in unserer Vorstellung eine Epoche mit geradezu mythisch langsam vergehender Zeit, verging alles andere als allmählich: „Es ist nie wieder so verschwenderisch, so maßlos gelebt worden."

Was aber steht uns bevor, wie wird die Zukunft? Nietzsche schwankt zwischen Melancholie, Fatalismus und Hoffnung. Das Gute traut er allein Europa zu, sich selber sieht er als Wegbereiter. Und die glücklichen Zeiten? Für Nietzsche bleiben sie für immer außerhalb des geschichtlichen Horizonts: „Ein glückliches Zeitalter ist desshalb gar nicht möglich, weil die Menschen es nur wünschen wollen, aber nicht haben wollen und jeder Einzelne, wenn ihm gute Tage kommen, förmlich um Unruhe und Elend beten lernt." Vielleicht sind wir Heutige den Griechen ja doch um einiges näher als wir gedacht haben.

Die Natur der Zeit

Für die Pflanze ist die Welt so und so – für uns so und so. Vergleichen wir die beiden Perceptionskräfte, so gilt uns unsre Auffassung der Welt als richtiger d. h. der Wahrheit entsprechender. Nun hat sich der Mensch langsam entwickelt und die Erkenntnis entwickelt sich noch: also das Weltbild wird immer wahrer und vollständiger. Natürlich ist es nur eine Wiederspiegelung, eine immer deutlichere. Der Spiegel selbst ist aber nichts ganz Fremdes und dem Wesen der Dinge Ungehöriges, sondern selbst langsam entstanden als Wesen der Dinge gleichfalls. Wir sehen ein Streben, den Spiegel immer adäquater zu machen: den natürlichen Prozess setzt die Wissenschaft fort. – So spiegeln sich die Dinge immer reiner: allmähliche Befreiung vom allzu Anthropomorphischen. Für die Pflanze ist die ganze Welt Pflanze, für uns Mensch.[F1]

Im Philosophen setzen sich Tätigkeiten fort, durch Metapher. Das Streben nach einheitlichem Beherrschen. Jedes Ding strebt ins Unermessliche, der Individualcharakter in der Natur ist selten fest, sondern immer weiter greifend. Ob langsam oder schnell, ist eine höchst menschliche Frage. Wenn man nach der Seite des unendlich Kleinen hinsieht, ist jede Entwicklung immer eine unendlich schnelle.[F1]

Schnell, langsam usw. in der ganzen Art dieser Wirkung. D.h. die Kräfte, als Funktionen der Zeit, äußern sich in den Relationen naher oder ferner Zeitpunkte, nämlich schnell oder langsam. Die Kraft liegt im Grade der Beschleunigung. Die allerhöchste Beschleunigung läge in der Wirkung eines Zeitmomentes auf das nächste, d.h. es wäre dann = unendlich groß.

Je größer die Langsamkeit, um so größer die Zwischenräume der Zeit, um so größer das distans.

Also Relation entfernter Zeitpunkte ist Langsamkeit: alle Langsamkeit ist natürlich relativ.[F1]

Im Walde wächst der Baum schnell, im Verlangen nach Luft und Licht, aber „er treibt wenig Wurzeln und ist deshalb wenig dauerhaft: während die Bäume, bei welchen Licht und Luft freien Zutritt haben, Jahrhunderte lang stehen: die Tiefe und Ausbreitung der Wurzeln steht im Verhältnis zur Dauerhaftigkeit. Aber folglich *langsames* Aufsteigen!“ [F3]

Erst das Nacheinander bringt die *Zeit*vorstellung hervor. Gesetzt, wir empfänden nicht Ursachen und Wirkungen, sondern ein continuum, so glaubten wir nicht an die Zeit. Denn die Bewegung des Werdens besteht nicht aus *ruhenden* Punkten, aus gleichen Ruhestrecken. Die äußere Peripherie eines Rades ist ebenso wie die innere Peripherie, immer bewegt und, obschon langsamer, doch im Vergleich zur schneller bewegten inneren, nicht ruhend. Zwischen langsamer und schneller Bewegung ist mit der „Zeit“ nicht zu entscheiden. Im absoluten Werden kann die Kraft nie ruhen, nie Unkraft sein: „langsame und schnelle Bewegung derselben“ misst sich nicht an einer Einheit, welche da fehlt.[F3]

Das Meer nimmt ab, der Mensch das feste Land nimmt immer zu – aber weil er nur sieht, dass sich Alles verändert, so glaubt und fühlt er umgekehrt und meint, seine Unfestigkeit sei im Wachsen und er werde schließlich dem Meere nicht mehr Widerstand leisten können. – Die *Langsamkeit* der Vorgänge in der Geschichte des Menschen ist nicht dem menschlichen Zeitgefühl angemessen – und die Feinheit und Kleinheit alles Wachsens spottet der menschlichen Sehkraft. Deshalb wird sie immer nur ein Glaubensartikel sein: diese wirkliche Menschengeschichte! und deshalb hat sie so schweren Kampf gegen alle anderen Glaubensartikel, sie kann sich gleichfalls nicht ad oculos demonstrieren. – Ja, wider alle unsere „Wahrheiten“ spricht der Augenschein und wird dabei leicht zum Advokaten alles Scheins und selbst der Lüge.[F3]

Wenn man eine Natur- und Menschenerklärung sucht, welche unsern höchsten und stärksten Stimmungen entspricht, so wird man allein auf metaphysische stoßen. Wie es ohne alle diese erhabenen Irrtümer um die Menschen aussehen würde – ich glaube tierisch. Dächte man sich ein *Tier* mit dem Wissen einer strengen Naturkunde begabt, es würde damit kein Mensch werden, sondern im Wesentlichen als Tier fortleben, nur dass es in seinen vielen Mußestunden z. B. als Pferd vor der Krippe, gute Bücher läse, welche ihm es völlig begreiflich machten, dass die Wahrheit und das Tier sich gut vertragen.[F2]

Antike

Fast von allen grossen Hellenen kann man sagen, dass sie zu spät gekommen scheinen, so von Aeschylus, von Pindar, von Demosthenes, von Thukydides; ein Geschlecht nach ihnen – und dann ist es immer völlig vorbei. Das ist das Stürmische und Unheimliche in der griechischen Geschichte. Jetzt zwar bewundert man das Evangelium der Schildkröte. Geschichtlich denken heißt jetzt fast so viel, als ob zu allen Zeiten nach dem Satze Geschichte gemacht worden wäre: „möglichst wenig in möglichst langer Zeit!" Ach, die griechische Geschichte läuft so rasch! Es ist nie wieder so verschwenderisch, so maßlos gelebt worden. Ich kann mich nicht überzeugen, dass die Geschichte der Griechen jenen natürlichen Verlauf genommen habe, der so an ihr gerühmt wird. Sie waren viel zu mannichfach begabt dazu, um in jener schrittweisen Manier allmählich zu sein, wie es die Schildkröte im Wettlauf mit Achilles ist: und das nennt man ja natürliche Entwickelung. Bei den Griechen geht es schnell vorwärts, aber eben so schnell abwärts; die Bewegung der ganzen Maschine ist so gesteigert, dass ein einziger Stein, in ihre Räder geworfen, sie zerspringen macht.[MA]

Das glücklichste Loos, welches dem Genie werden kann, ist Entbindung vom Tun und Lassen und freie Muße: und so wussten die Griechen zu schätzen. Segen der Arbeit! nugari nannten die Römer alles Tichten und Trachten der Hellenen. Es hat keinen glücklichen Lebenslauf, es steht im Widerspruch und Kampf mit seiner Zeit. So die Griechen: sie bemühten sich ungeheuer, instinktiv, sich ein sicheres Gehäuse (in der Polis) zu schaffen. Endlich ging alles in der Politik zu Grunde.

Sie waren gezwungen nach außen hin Stand zu halten: das wurde immer schwieriger, endlich unmöglich.[F2]

Das Urteil sehr arbeitsamer und tätiger Zeitalter über den Wert des Lebens klingt wie fast desperat: man dachte über das Leben nach, wenn man nicht mehr arbeiten konnte und müde war. Die Griechen dachten besser vom Leben, dafür waren sie das Volk der Muße: sie arbeiteten eigentlich zur Erholung vom Müßiggang, und ihr Nachdenken kam aus frischer Kraft.[F3]

Weihevoll aber gleich dem Schauspieler lauschte auch der Zuhörer: auch über ihn breitete sich eine ungewöhnliche langersehnte Feststimmung aus. Nicht die ängstliche Flucht vor der Langeweile, der Wille sich und seine Erbärmlichkeit um jeden Preis für einige Stunden los zu sein, trieb jene Männer ins Theater. Der Grieche flüchtete sich aus der ihm so gewohnten zerstreuenden Öffentlichkeit, aus dem Leben in Markt Straße und Gerichtshalle, in die ruhig stimmende, zur Sammlung einladende Feierlichkeit der Theaterhandlung: nicht wie der alte Deutsche, der Zerstreuung begehrte, wenn er den Cirkel seines innerlichen Daseins einmal zerschnitt, und der die rechte lustige Zerstreuung in der gerichtlichen Wechselrede fand, die deshalb auch für sein Drama Form und Atmosphäre bestimmte. Die Seele des Atheners dagegen, der die Tragödie an den großen Dionysien anzuschauen kam, hatte in sich noch etwas von jenem Element, aus dem die Tragödie geboren ist. Es ist dies der übermächtig hervorbrechende Frühlingstrieb, ein Stürmen und Rasen in gemischter Empfindung, wie es alle naiven Völker und die gesamte Natur beim Nahen des Frühlings kennen.[VGM]

Schnell und langsam

Es ist möglich, dass ein Volk durch Geschichte sich selbst tötet: etwa wie ein Mensch, der sich dem Schlaf entzieht. Wiederkäuen ist die Sache gewisser Tiere: sich aber durch Wiederkäuen ruinieren scheint hier und da einmal bei dem menschlichen Rindvieh vorzukommen. Wenn alles, was wird, interessant, des Studiums würdig erachtet wird, so fehlt bald für alles, was man tun soll, der Maßstab und das Gefühl, der Mensch wird in der Hauptsache gleichgültig.[F1]

Ja man weiß, was die Historie durch ein gewisses Übergewicht vermag, man weiß es nur zu genau:

die stärksten Instinkte der Jugend: Feuer, Trotz, Selbstvergessen und Liebe zu entwurzeln, die Hitze ihres Rechtsgefühles herabzudämpfen, die Begierde langsam auszureifen durch die Gegenbegierde, schnell fertig, schnell nützlich, schnell fruchtbar zu sein, zu unterdrücken oder zurückzudrängen, die Ehrlichkeit und Keckheit der Empfindung zweiflerisch anzukränkeln; ja sie vermag es selbst, die Jugend um ihr schönstes Vorrecht zu betrügen, um ihre Kraft, sich in übervoller Gläubigkeit einen großen Gedanken einzupflanzen und zu einem noch größeren aus sich heraus wachsen zu lassen. [UB]

Die erhaltenden Geschlechter und Kasten eines Volkes sind es vornehmlich, in denen solche Nachschläge alter Triebe vorkommen, während keine Wahrscheinlichkeit für solchen Atavismus ist, wo Rassen, Gewohnheiten, Wertschätzungen zu rasch wechseln. Das Tempo bedeutet nämlich unter den Kräften der Entwickelung bei Völkern ebensoviel wie bei der Musik; für unseren Fall ist durchaus ein Andante der Entwickelung notwendig, als das Tempo eines leidenschaftlichen und langsamen Geistes: – und der Art ist ja der Geist conservativer Geschlechter. [FW]

Die „Wege". – Die angeblichen „kürzeren Wege" haben die Menschheit immer in große Gefahr gebracht; sie verlässt immer bei der frohen Botschaft, dass ein solcher kürzerer Weg gefunden sei, ihren Weg – und verliert den Weg. [MR]

Vorhistorische Zeitalter werden unermessliche Zeiträume hindurch vom Herkommen bestimmt, es geschieht nichts. In der historischen Zeit ist jedesmal das Faktum eine Lösung vom Herkommen, eine Differenz der Meinung, es ist die *Freigeisterei*, welche die Geschichte macht. Je schneller der Umschwung der Meinungen erfolgt, um so schneller läuft die Welt, die Chronik verwandelt sich in das Journal, und zuletzt stellt der Telegraph fest, worin in Stunden sich die Meinungen der Menschen verändert haben.[F1]

Die kleinen Dosen. – Soll eine Veränderung möglichst in die Tiefe gehen, so gebe man das Mittel in den kleinsten Dosen, aber unablässig auf weite Zeitstrecken hin! [MR]

Etwas, das seit langem besteht, nicht zu Grunde gehen lassen – eine vorsichtige Praxis, weil alles Wachstum so langsam ist und selbst der Boden so selten günstig zum Pflanzen. Die bestehenden Kräfte *umbiegen* zu anderen Wirkungen! [F3]

Treppen-Glück

Furcht und Mitleiden: mit diesen Gefühlen stand bisher der Mann vor dem Weibe, immer mit einem Fuße schon in der Tragödie, welche zerreißt, indem sie entzückt –. Wie? Und damit soll es nun zu Ende sein? Und die Entzauberung des Weibes ist im Werke? Die Verlangweiligung des Weibes kommt langsam herauf? Oh Europa! Europa! [JGB]

Treppen-Glück. – Wie der Witz mancher Menschen nicht mit der Gelegenheit gleichen Schritt hält, so dass die Gelegenheit schon durch die Türe hindurch ist, während der Witz noch auf der Treppe steht: so gibt es bei anderen eine Art von Treppen-Glück, welches zu langsam läuft, um der schnellfüßigen Zeit immer zur Seite zu sein: das Beste, was sie von einem Erlebnis, einer ganzen Lebensstrecke zu genießen bekommen, fällt ihnen erst lange Zeit hinterher zu, oft nur als ein schwacher, gewürzter Duft, welcher Sehnsucht erweckt und Trauer als ob es möglich gewesen wäre – irgendwann – in diesem Element sich recht satt zu trinken: nun aber ist es zu spät.[MA]

Der europäische Mensch und die Vernichtung der Nationen. – Der Handel und die Industrie, der Bücher- und Briefverkehr, die Gemeinsamkeit aller höheren Kultur, das schnelle Wechseln von Ort und Landschaft, das jetzige Nomadenleben aller Nicht-Landbesitzer, – diese Umstände bringen notwendig eine Schwächung und zuletzt eine Vernichtung der Nationen, mindestens der europäischen, mit sich: so dass aus ihnen allen, in Folge fortwährender Kreuzungen, eine Mischrasse, die des europäischen Menschen, entstehen muss. Diesem Ziele wirkt jetzt bewusst oder unbewusst die Abschliessung der Nationen durch Erzeugung nationaler Feindseligkeiten entgegen, aber langsam geht der Gang jener Mischung dennoch vorwärts, trotz jener zeitweiligen Gegenströmungen …[MA]

Glückszeiten. – Ein glückliches Zeitalter ist deshalb gar nicht möglich, weil die Menschen es nur wünschen wollen, aber nicht haben wollen und jeder Einzelne, wenn ihm gute Tage kommen, förmlich um Unruhe und Elend beten lernt. Das Schicksal der Menschen ist auf glückliche Augenblicke eingerichtet – jedes Leben hat solche –, aber nicht auf glückliche Zeiten. Trotzdem werden diese als „das jenseits der Berge" in der Phantasie des Menschen bestehen bleiben, als Erbstück der Urväter; denn man hat wohl den Begriff des Glückszeitalters seit uralten Zeiten her jenem Zustande entnommen, in dem der Mensch, nach gewaltiger Anstrengung durch Jagd und Krieg, sich der Ruhe übergibt, die Glieder streckt und die Fittige des Schlafes um sich rauschen hört. Es ist ein falscher Schluss, wenn der Mensch jener alten Gewöhnung gemäß sich vorstellt, dass er nun auch nach ganzen Zeiträumen der Not und Mühsal eines Zustandes des Glücks in entsprechender Steigerung und Dauer teilhaftig werden könne. [MA]

So habe ich denn einstmals, als ich es nötig hatte, mir auch die „freien Geister" erfunden, denen dieses schwermütig-mutige Buch mit dem Titel „Menschliches, Allzumenschliches" gewidmet ist: dergleichen „freie Geister" gibt es nicht, gab es nicht, – aber ich hatte sie damals, wie gesagt, zur Gesellschaft nötig, um guter Dinge zu bleiben inmitten schlimmer Dinge (Krankheit, Vereinsamung, Fremde, Acedia, Untätigkeit): als tapfere Gesellen und Gespenster, mit denen man schwätzt und lacht, wenn man Lust hat zu schwätzen und zu lachen, und die man zum Teufel schickt, wenn sie langweilig werden, – als ein Schadenersatz für mangelnde Freunde. Dass es dergleichen freie Geister einmal geben könnte, dass unser Europa unter seinen Söhnen von Morgen und Übermorgen solche muntere und verwegene Gesellen haben wird, leibhaft und handgreiflich und nicht nur, wie in meinem Falle, als Schemen und Einsiedler-Schattenspiel: daran möchte ich am wenigsten zweifeln. Ich sehe sie bereits kommen, langsam, langsam; und vielleicht tue ich etwas, um ihr Kommen zu beschleunigen, wenn ich zum Voraus beschreibe, unter welchen Schicksalen ich sie entstehn, auf welchen Wegen ich sie kommen sehe? – MA

Kloß und Stube

EXKURS ZUR KÜCHE ALS PROBLEM

Fett ist der Schrecken, und trübe Deutschland: „Wie viel verdrießliche Schwere, Lahmheit, Feuchtigkeit, Schlafrock, wie viel Bier ist in der deutschen Intelligenz!“, ächzt Nietzsche, und immer wieder kommt er auf das schlechte Essen und Trinken seiner Landsleute zu sprechen. Seine Invektiven gegen Kloß und Stube gehören zu den schönsten Polemiken, die Deutsche gegen das Deutsche verfasst haben.

Dumpfe Küche, zu Briefbeschwerern entartete Mehlspeisen, Kübel voller Bier und Sauce: Nietzsche schaudert es, wenn er sieht, was sich seine Zeitgenossen antun. Essend und trinkend arbeiten sie daran, ihren geistigen, seelischen und körperlichen Schwerpunkt immer tiefer zu legen. Sie leben in engen Stuben, und ihr Wohnen ist Teil des Projektes, mit wenig Bewegung und noch weniger frischer Luft auszukommen, ohne aufzustehen: „Das Sitzfleisch“ nennt Nietzsche, der selber sehr viel schrieb und las, „die eigentliche Sünde wider den heiligen Geist“. Sein Ideal ist leicht, und der wirkliche philosophische Geist bewegt sich wie ein Tänzer.

Falsches Leben dagegen führt zu falschen Gedanken: „Alle Vorurteile kommen aus den Eingeweiden.“ Aber wie lebt er selber? „Bei mir schwebt der Geist über dem Wasser“, merkt er gegen das

Saufen an; er weiß, wie wenig Alkohol er verträgt. Körner kauen, Tee dosieren, Kakao entölen, Maß halten: Der Philosoph hat seine eigene Diät des Alltags entwickelt, einen vorsichtigen Rhythmus für eine verletzliche Seele in einem geschwächten Körper.

Küche als Problem

Aber die deutsche Küche überhaupt – was hat sie nicht Alles auf dem Gewissen! Die Suppe vor der Mahlzeit (noch in Venetianischen Kochbüchern des 16. Jahrhunderts alla tedesca genannt); die ausgekochten Fleische, die fett und mehlig gemachten Gemüse; die Entartung der Mehlspeise zum Briefbeschwerer! Rechnet man gar noch die geradezu viehischen Nachguss-Bedürfnisse der alten, durchaus nicht bloß alten Deutschen dazu, so versteht man auch die Herkunft des *deutschen Geistes* – aus betrübten Eingeweiden ... Der deutsche Geist ist eine Indigestion, er wird mit Nichts fertig. – Aber auch die englische Diät, die, im Vergleich mit der deutschen, selbst der französischen, eine Art „Rückkehr zur Natur", nämlich zum Canibalismus ist, geht meinem eignen Instinkt tief zuwider; es scheint mir, dass sie dem Geist schwere Füße gibt – Engländerinnen-Füße ... Die beste Küche ist die Piemont's. – Alkoholika sind mir nachteilig; ein Glas Wein oder Bier des Tags reicht vollkommen aus, mir aus dem Leben ein „Jammertal" zu machen, – in München leben meine Antipoden.

Gesetzt, dass ich dies ein wenig spät begriff, erlebt habe ich's eigentlich von Kindesbeinen an. Als Knabe glaubte ich, Weintrinken sei wie Tabakrauchen anfangs nur eine Vanitas junger Männer, später eine schlechte Gewöhnung. Vielleicht, dass an diesem herben Urteil auch der Naumburger Wein mit schuld ist. Zu glauben, dass der Wein erheitert, dazu müsste ich Christ sein, will sagen glauben, was gerade für mich eine Absurdität ist. Seltsam genug, bei dieser extremen Verstimmbarkeit durch kleine, stark verdünnte Dosen Alkohol, werde ich beinahe zum Seemann, wenn es sich um starke Dosen handelt. Schon als Knabe hatte ich hierin meine Tapferkeit. Eine lange lateinische Abhandlung in Einer Nachtwache niederzuschreiben und auch noch abzuschreiben, mit dem Ehrgeiz in der Feder, es meinem Vorbilde Sallust in Strenge und Gedrängtheit nachzutun und einigen Grog von schwerstem Kaliber über mein Latein zu giessen, dies stand schon, als ich Schüler der ehrwürdigen Schulpforta war, durchaus nicht im Widerspruch zu meiner Physiologie, noch vielleicht auch zu der des Sallust wie sehr auch immer zur ehrwürdigen Schulpforta ... Später, gegen die Mitte des Lebens hin, entschied ich mich freilich immer strenger gegen jedwedes „geistige“ Getränk: ich, ein Gegner des Vegetariertums aus Erfahrung, ganz wie Richard Wagner, der mich bekehrt hat, weiß nicht ernsthaft genug die unbedingte Enthaltung von Alcoholicis allen geistigeren Naturen anzuraten. Wasser tut's ... Ich ziehe Orte vor, wo man überall Gelegenheit hat, aus fließenden Brunnen zu schöpfen (Nizza, Turin, Sils); ein kleines Glas läuft mir nach wie ein Hund. In vino veritas: es scheint, dass ich auch hier wieder über den Begriff „Wahrheit" mit aller Welt uneins bin: – bei mir schwebt der Geist über dem Wasser … Ein paar Fingerzeige noch aus meiner Moral. Eine starke Mahlzeit ist leichter zu verdauen als eine zu kleine. Dass der Magen als Ganzes in Tätigkeit tritt, erste Voraussetzung einer guten Verdauung. Man muss die Größe seines Magens kennen. Aus gleichem Grunde sind jene langwierigen Mahlzeiten zu widerraten, die ich unterbrochne Opferfeste nenne, die an der table d'hôte. – Keine Zwischenmahlzeiten, keinen Café: Café verdüstert. Tee nur morgens zuträglich. Wenig, aber energisch; Tee sehr nachteilig und den ganzen Tag ankränkelnd, wenn er nur um einen Grad zu schwach ist. Jeder hat hier sein Maß, oft zwischen den engsten und delikatesten Grenzen. In einem sehr agaçanten Klima ist Tee als Anfang unrätlich: man soll eine Stunde vorher eine Tasse dicken entölten Cacao's den Anfang machen lassen. – So wenig als möglich *sitzen*; keinem Gedanken Glauben schenken, der nicht im Freien geboren ist und bei freier Bewegung, in dem nicht auch die Muskeln ein Fest feiern. Alle Vorurteile kommen aus den Eingeweiden. – Das Sitzfleisch – ich sagte es schon einmal – die eigentliche Sünde wider den heiligen Geist.[EH]

Was der deutsche Geist sein könnte, wer hätte nicht schon darüber seine schwermütigen Gedanken gehabt! Aber dies Volk hat sich willkürlich verdummt, seit einem Jahrtausend beinahe: nirgendswo sind die zwei großen europäischen Narcotica, Alkohol und Christentum, lasterhafter gemissbraucht worden. Neuerdings kam sogar noch ein drittes hinzu, mit dem allein schon aller feinen und kühnen Beweglichkeit des Geistes der Garaus gemacht werden kann, die Musik, unsre verstopfte verstopfende deutsche Musik. – Wie viel verdrießliche Schwere, Lahmheit, Feuchtigkeit, Schlafrock, wie viel Bier ist in der deutschen Intelligenz! Wie ist es eigentlich möglich, dass junge Männer, die den geistigsten Zielen ihr Dasein weihn, nicht den ersten Instinkt der Geistigkeit, den *Selbsterhaltungs-Instinkt des Geistes* in sich fühlen – und Bier trinken? ... Der Alkoholismus der gelehrten Jugend ist vielleicht noch kein Fragezeichen in Absicht ihrer Gelehrsamkeit – man kann ohne Geist sogar ein großer Gelehrter sein –, aber in jedem andren Betracht bleibt er ein Problem. – Wo fände man sie nicht, die sanfte Entartung, die das Bier im Geiste hervorbringt! GD

Würde und Furchtsamkeit. – Die Ceremonien, die Amts- und Standestrachten, die ernsten Mienen, das feierliche Dreinschauen, die langsame Gangart, die gewundene Rede und Alles überhaupt, was Würde heißt: das ist die Verstellungsform Derer, welche im Grunde furchtsam sind, – sie wollen damit fürchten machen (sich oder Das, was sie repräsentieren). Die Furchtlosen, das heißt ursprünglich: die jederzeit und unzweifelhaft Fürchterlichen haben Würde und Ceremonien nicht nötig, sie bringen die Ehrlichkeit, das Geradezu in Worten und Gebärden in Ruf und noch mehr in Verruf, als Anzeichen der selbstbewussten Fürchterlichkeit. [MR]

Wie viel ein Geist zu seiner Ernährung nötig hat, dafür gibt es keine Formel; ist aber sein Geschmack auf Unabhängigkeit gerichtet, auf schnelles Kommen und Gehn, auf Wanderung, auf Abenteuer vielleicht, denen nur die Geschwindesten gewachsen sind, so lebt er lieber frei mit schmaler Kost, als unfrei und gestopft. Nicht Fett, sondern die größte Geschmeidigkeit und Kraft ist das, was ein guter Tänzer von seiner Nahrung will, – und ich wüsste nicht, was der Geist eines Philosophen mehr zu sein wünschte, als ein guter Tänzer. Der Tanz nämlich ist sein Ideal, auch seine Kunst, zuletzt auch seine einzige Frömmigkeit, sein „Gottesdienst“... [FW]

Es war Frühling, und alles Holz stand in jungem Safte: als ich so durch den Wald ging und über eine Kinderei nachdachte, schnitzte ich mir eine Pfeife zurecht, ohne dass ich recht wusste, was ich tat. Sobald ich aber sie zum Mund führte und pfiff, erschien der Gott vor mir, den ich seit langem schon kenne.

Nun, du Rattenfänger, was treibst du da? Du halber Jesuit und Musikant –, beinahe ein Deutscher!

In wunderte mich, dass mir der Gott auf diese Art zu schmeicheln suchte: und nahm mir vor, gegen ihn auf der Hut zu sein.

Ich habe alles getan, sie dumm zu machen, ließ sie in Betten schwitzen, gab ihnen Klöße zu fressen, hieß sie trinken, bis sie sanken, machte sie zu Stubenhockern und Gelehrten, gab ihnen erbärmliche Gefühle einer Bedientenseele ein

Du scheinst mir Schlimmes im Schilde zu führen, die M<enschen> zu Grunde zu richten?

Vielleicht, antwortete der Gott; aber so, dass dabei Etwas für mich herauskommt.

– Was denn? fragte ich neugierig. –

Wer denn? solltest du fragen. Also sprach zu mir Dionysos.[F5]

„Du errietst mich gut, antwortete der freiwillige Bettler, mit erleichtertem Herzen. Ich liebe den Honig, ich malme auch Körner, denn ich suchte, was lieblich mundet und reinen Atem macht:

– auch was lange Zeit braucht, ein Tag- und Maul-Werk für sanfte Müßiggänger und Tagediebe.

Am weitesten freilich brachten es diese Kühe: die erfanden sich das Wiederkäuen und In-der-Sonne-Liegen. Auch enthalten sie sich aller schweren Gedanken, welche das Herz blähn.“[ZA]

Intensiv wohnen

Die Ruhesuchenden. – Ich erkenne die Geister, welche Ruhe suchen, an den vielen dunklen Gegenständen, welche sie um sich aufstellen: wer schlafen will, macht sein Zimmer dunkel oder kriecht in eine Höhle. – Ein Wink für Die, welche nicht wissen, was sie eigentlich am meisten suchen, und es wissen möchten! [FW]

Die Deutschen, an deren germanischen Vorfahren kein Tacitus den Geist, oder auch nur eine Lust am Geistigen, etwa am argute loqui, zu rühmen wusste, haben noch dazu alles getan, durch viele Jahrhunderte hindurch, sich dumm zu machen; und ein boshafter Gott, welcher deutschfeindlich – vielleicht in furcht vor ihrem vorbestimmten Atheismus und Götterdämmerung? – über ihnen waltete, gab ihnen lauter Neigungen ein, mit welchen ein Volk die Türen auch für das Kommen des Geistes zuschließt: z. B. indem er sie hieß, in überheißen Betten schwitzen, in dumpfen engen Stuben hocken, lauter Schwerverdauliches wie Klöße und schwere fettige Brühen zu ihren Leibspeisen machen, vor Allem trinken bis sie sanken: so dass schlafen gehen und angetrunken sein lange Zeiten hindurch zu den Nachbar-Vorstellungen eines deutschen Kopfes gehörte. Man möchte fast glauben, dass, wenn es endlich doch so etwas geben sollte, wie „deutschen Geist“, er erst durch Ent-

deutschung, ich meine durch Mischung mit ausländischem Blut ermöglicht worden ist. Wer rechnet nach, was den Slaven oder den Kelten oder den Juden für die Vergeistigung Deutschlands alles verdankt wird! [F5]

Ich bin zu heiß und verbrannt von eigenen Gedanken: oft will es mir den Atem nehmen. Da muss ich in's Freie und weg aus allen verstaubten Stuben. [ZA]

Der Pfeil der Schönheit

ÜBER DEN RASCHEN RICHARD
UND ANDERE KÜNSTLER

Die Kunst als Gegenentwurf zur Welt der Tätigen: Wie muss sie sein, wenn sie Sinn stiften, helfen, trösten, aufbauen, stärken will? Oder sind ihr solche Aufgaben wesensfremd? In der Art, wie Kunst produziert wird, aber auch in der Weise ihrer Rezeption in einem „arbeitsamen Zeitalter" spielt Zeit eine bedeutende Rolle. Kunst nämlich ist „die Tätigkeit der Müßigen", die sich nicht den Zwängen und Notwendigkeiten des Alltags unterwerfen. Dazu will die ganz andere zeitliche Auffassung – und Lage – derer, die diese Kunst aufnehmen, kaum passen: „Lüste bilden die Muße der Tätigen." Kann die Arbeit der Müßigen zu solchen Tätigen passen?

Nicht alle Kunst muss auch langsam sein. Richard Wagner ist das Hauptbeispiel eines Künstlers, der seine Zeit mit der Plötzlichkeit seines Werks überrascht. Dynamisch eilen solche Künstler ihrer Epoche voraus, die Augen nach vorne gerichtet und überhaupt ziemlich heftig. Und schnell: „Alle begabten Menschen sind sehr geschwind." Das klingt eher nach Sturm und Drang als nach Griechentum. Später stellt sich Nietzsche gegen Wagner, und die Freude über den flinken Himmelsstürmer verblasst. Nietzsches früherer Vorbildkünstler gilt dann nur mehr als „geistreich-krank". Ein Widerspruch? Warum nicht!

Bleibt also die Frage nach dem Wesen guter Kunst. Ist sie schnell, ist sie langsam? Um auf die Menschen seiner Zeit wirken zu können, darf der Künstler nicht zu rasch sein, darf ihnen nicht zu weit vorauseilen. Erst dann kann die Kunst ihre Wirkung entfalten: langsam, stetig, tief. Die deutsche Literatur zum Beispiel stammt zum großen Teil – Nietzsche weiß sehr gut, wovon er spricht – aus dem Milieu des protestantischen Pfarrhauses. Weshalb die „feierlichen, würdevollen, langsamen, gravitätischen Gattungen am besten gepflegt" sind. Stilistische „Munterkeit" ist da eher zu selten zu finden. Ist es da nicht ein Trost, dass der Pfeil der Schönheit langsam fliegt?

Künstler

Die erfinderischen Menschen leben ganz anders als die Tätigen; sie brauchen Zeit, damit sich die zwecklose ungeregelte Tätigkeit einstellt, Versuche, neue Bahnen, sie tasten mehr als dass sie nur die bekannten Wege gehen, wie die nützlich-Tätigen.[F3]

Man entkommt häufig seinen Verfolgern eher dadurch, dass man langsamer als dass man schneller geht; das gilt namentlich bei literarischen Verfolgungen. [F1]

Der Tätige will sich durch die Kunst zerstreuen, der Künstler verlangt höchste Sammlung. Folglich müssen sie mit einander unzufrieden sein und sich in einander verbeißen. Die Kunst ist eben gar nicht für diese Tätigen da, sondern für jene, welche einen Überschuss von Muße haben und also ihren höchsten Ernst ausnahmsweise dem Künstler schenken können: für die Existenz dieser Klasse der müßigen Olympier haben jene Tätigen (seien sie Arbeiter oder Bankiers oder Beamte) mit ihrer Überarbeit zu sorgen. Ist die Existenz dieser Klasse ein Übel, so ist auch die Kunst ein Übel.

Kunst die Tätigkeit der Müßigen.
Lüste bilden die Muße der Tätigen.[F1]

Und was begehren sie eigentlich von der Kunst? Sie soll ihnen für Stunden und Augenblicke das Unbehagen, die Langeweile, das halbschlechte Gewissen verscheuchen und womöglich den Fehler ihres Lebens und Charakters als Fehler des Welten-Schicksals ins Große umdeuten – sehr verschieden von den Griechen, welche in ihrer Kunst das Aus- und Überströmen ihres eignen Wohl- und Gesundseins empfanden und es liebten, ihre Vollkommenheit *noch einmal* außer sich zu sehen: sie führte der Selbstgenuss zur Kunst, diese unsere Zeitgenossen – der Selbstverdruss.[MA]

Unsre langsamen Zeiten. – So empfinden alle Künstler und Menschen der „Werke“, die mütterliche Art Mensch: immer glauben sie, bei jedem Abschnitte ihres Lebens – den ein Werk jedes Mal abschneidet –, schon am Ziele selbst zu sein, immer würden sie den Tod geduldig entgegen nehmen, mit dem Gefühl: „dazu sind wir reif". Dies ist nicht der Ausdruck der Ermüdung, – vielmehr der einer gewissen herbstlichen Sonnigkeit und Milde, welche jedes Mal das Werk selbst, das Reifgewordensein eines Werks, bei seinem Urheber hinterlässt. Da verlangsamt sich das tempo des Lebens und wird dick und honigflüssig – bis zu langen Fermaten, bis zum Glauben an die lange Fermate ... FW

Künstler und sein Gefolge müssen Schritt halten. – Der Fortgang von einer Stufe des Stils zur andern muss so langsam sein, dass nicht nur die Künstler, sondern auch die Zuhörer und Zuschauer diesen Fortgang mitmachen und genau wissen, was vorgeht. Sonst entsteht auf einmal jene große Kluft zwischen dem Künstler, der auf abgelegener Höhe seine Werke schafft, und dem Publikum, welches nicht mehr zu jener Höhe hinaufkann und endlich missmutig wieder tiefer hinabsteigt. Denn wenn der Künstler sein Publikum nicht mehr hebt, so sinkt es schnell abwärts, und zwar stürzt es um so tiefer und gefährlicher, je höher es ein Genius getragen hat, dem Adler vergleichbar, aus dessen Fängen die in die Wolken hinaufgetragene Schildkröte zu ihrem Unheil hinabfällt. MA

Tempo und Rhythmus

Die Kunst in der Zeit der Arbeit. – Wir haben das Gewissen eines *arbeitsamen* Zeitalters: dieses erlaubt uns nicht, die besten Stunden und Vormittage der Kunst zu geben, und wenn diese Kunst selbst die größte und würdigste wäre. Sie gilt uns als Sache der Muße, der Erholung: wir weihen ihr die Reste unserer Zeit, die *Reste* unserer Kräfte. – Dieses ist die allgemeinste Tatsache, durch welche die Stellung der Kunst zum Leben verändert ist: sie hat, wenn sie ihre großen Zeit- und Kraft-Ansprüche an die Kunst-Empfangenden macht, das Gewissen der Arbeitsamen und Tüchtigen gegen sich, sie ist auf die Gewissenlosen und Lässigen angewiesen, welche aber, ihrer Natur nach, gerade der großen Kunst nicht zugetan sind und ihre Ansprüche als Anmaßungen empfinden. Es dürfte deshalb mit ihr zu Ende sein, weil ihr die Luft und der freie Atem fehlt: oder – die große Kunst versucht, in einer Art Vergröberung und Verkleidung, in jener anderen Luft heimisch zu werden (mindestens es in ihr auszuhalten), die eigentlich nur für die kleine Kunst, für die Kunst der Erholung, der ergötzlichen Zerstreuung das natürliche Element ist. Dies geschieht jetzt allerwärts; auch die Künstler der großen Kunst versprechen Erholung und Zerstreuung, auch sie wenden sich an den Ermüdeten, auch sie bitten ihn um die Abendstunden seines Arbeitstages, – ganz wie die unterhaltenden Künstler, welche zufrieden sind, gegen den schweren Ernst der Stirnen, das Versunkene der Augen einen Sieg errungen zu haben.[MA]

Man gebe Acht darauf, ob das, was die Deutschen ihre Literatur nennen, nicht zum besten Teile auf Pfarrerssöhne zurückgeht. – Nun liegt in dieser Abkunft der deutschen Prosa von vornherein die Wahrscheinlichkeit, dass die feierlichen, würdevollen, langsamen, gravitätischen Gattungen am besten gepflegt sind: dass es am Allegro oder gar am presto fehlen wird. Die außerordentliche Munterkeit eines Stils, wie il principe (ganz abgesehn vom Ernste seiner Angelegenheit), die Kürze Kraft, eine Art Lust am Gedräng schwerer Gedanken, gibt einen Nachhall florentinischer Beredsamkeit, namentlich der Advokaten. Auch im Voltaire ist Advokaten-Geschick höchsten Ranges, Advokaten-tempo. Das schnellste Tempo, das ich vorfand in einem Schriftsteller, ist bei Petronius: der läuft wie ein geschwinder Wind und ist folglich nicht lüstern: er ist zu lustig dazu.[F5]

Der langsame Pfeil der Schönheit. – Die edelste Art der Schönheit ist die, welche nicht auf einmal hinreißt, welche nicht stürmische und berauschende Angriffe macht (eine solche erweckt leicht Ekel), sondern jene langsam einsickernde, welche man fast unbemerkt mit sich fortträgt und die Einem im Traum einmal wiederbegegnet, endlich aber, nachdem sie lange mit Bescheidenheit an unserm Herzen gelegen, von uns ganz Besitz nimmt, unser Auge mit Tränen, unser Herz mit Sehnsucht füllt. – Wonach sehnen wir uns beim Anblick der Schönheit? Darnach, schön zu sein: wir wähnen, es müsse viel Glück damit verbunden sein. – Aber das ist ein Irrtum. MA

Man muss lieben lernen. – So geht es uns in der Musik: erst muss man eine Figur und Weise überhaupt hören lernen, heraushören, unterscheiden, als ein Leben für sich isolieren und abgrenzen; dann braucht es Mühe und guten Willen, sie zu ertragen, trotz ihrer Fremdheit, Geduld gegen ihren Blick und Ausdruck, Mildherzigkeit gegen das Wunderliche an ihr zu üben: – endlich kommt ein Augenblick, wo wir ihrer gewohnt sind, wo wir sie erwarten, wo wir ahnen, dass sie uns fehlen würde, wenn sie fehlte; und nun wirkt sie ihren Zwang und Zauber fort und fort und endet nicht eher, als bis wir ihre demütigen und entzückten Liebhaber geworden sind, die nichts Besseres von der Welt mehr wollen, als sie und wieder sie. – So geht es uns aber nicht nur mit der Musik: gerade so haben wir alle Dinge, die wir jetzt lieben, lieben gelernt. Wir werden schließlich immer für unseren guten Willen, unsere Geduld, Billigkeit, Sanftmütigkeit gegen das Fremde belohnt, indem das Fremde langsam seinen Schleier abwirft und sich als neue unsägliche Schönheit darstellt: – es ist sein Dank für unsere Gastfreundschaft. Auch wer sich selber liebt, wird es auf diesem Wege gelernt haben: es gibt keinen anderen Weg. Auch die Liebe muss man lernen.[FW]

Welche Marter sind deutsch geschriebene Bücher für Den, der das dritte Ohr hat! Wie unwillig steht er neben dem langsam sich drehenden Sumpfe von Klängen ohne Klang, von Rhythmen ohne Tanz, welcher bei Deutschen ein „Buch“ genannt wird![JGB]

Der rasche Richard

Es ist durch Wagner wieder einmal bewiesen, dass der Einzelne, während eines gewöhnlichen Menschenlebens, etwas *ganz Neues* zeigen kann, dass einem, der auf den Kanon der Allmählichkeit der Entwicklung schwört, Hören und Selen vergeht. Alle begabten Menschen sind sehr geschwind – ich will einmal sehen, wie lange es dauert, bis unsere nichtgeschwinden Zeitgenossen nachgekommen sind; ihr Glaube an die Langsamkeit und an die Ameisen-Arbeit Vieler ist keine Schmeichelei auf ihre eigne Begabung.[F2]

Dass ein Einzelner, im Verlaufe eines gewöhnlichen Menschenlebens, etwas durchaus Neues hinstellen könne, mag wohl alle Die empören, welche auf die Allmählichkeit aller Entwickelung wie auf eine Art von Sitten-Gesetz schwören: sie sind selber langsam und fordern Langsamkeit – und da sehen sie nun einen sehr Geschwinden, wissen nicht, wie er es macht und sind ihm böse. Von einem solchen Unternehmen, wie dem Bayreuther, gab es keine Vorzeichen, keine Übergänge, keine Vermittelungen; den langen Weg zum Ziele und das Ziel selber wusste Keiner außer Wagner. Es ist die erste Weltumsegelung im Reiche der Kunst: wobei, wie es scheint, nicht nur eine neue Kunst, sondern die Kunst selber entdeckt wurde. Alle bisherigen modernen Künste sind dadurch, als einsiedlerisch-verkümmerte oder als Luxus-Künste, halb und halb entwertet; auch die unsicheren, übel zusammenhängenden Erinnerungen an eine wahre Kunst, die wir Neueren von den Griechen her hatten, dürfen nun ruhen, soweit sie selbst jetzt nicht in einem neuen Verständnisse zu leuchten vermögen.[UB]

Was suchten diese Romantiker Anderes, was fanden und erfanden sie Anderes als Richard Wagner? Waren sie nicht allesamt gleich ihm geistreich-krank, gewaltsam und ihrer selber unsicher, von der Literatur beherrscht bis in ihre Augen und Ohren, meistens sogar selber Schreibende, Dichtende, Künstler des Ausdrucks um jeden Preis, – ich liebe Delacroix hinaus,– Vermittler und Vermenger der Künste und der Sinne selber, heraufgekommene Plebejer, welche sich, gleich Balzac, im Verlangen nach Glanz und Ruhm unersättlich und eines vornehmen tempo im Leben und Schaffen – eines lento – unfähig zeigten? Man gestehe es sich doch ein: wie viel

Wagnerisches ist doch an dieser französischen Romantik! F5

Die moderne Kunst ist Luxus: Das begriff er [Wagner] ebenso wie das andere, dass sie mit dem Rechte einer Luxus-Gesellschaft stehe und falle. Nicht anders als diese durch die hartherzigste und klügste Benutzung ihrer Macht die Unmächtigen, das Volk, immer dienstbarer, niedriger und unvolkstümlicher zu machen und aus ihm den modernen „Arbeiter“ zu schaffen wusste, hat sie auch dem Volke das Größte und Reinste, was es aus tiefster Nötigung sich erzeugte und worin es als der wahre und einzige Künstler seine Seele mildherzig mitteilte, seinen Mythus, seine Liedweise, seinen Tanz, seine Spracherfindung entzogen, um daraus ein wollüstiges Mittel gegen die Erschöpfung und die Langeweile ihres Daseins zu destillieren – die modernen Künste. UB

Warten können

DAS DAUERN IM DASEIN

Am langsamsten vergeht die Zeit im Warten. Sie zerfällt, und mit ihr der Wartende. Nietzsche kennt diese Erfahrung nur zu gut: „Wahrlich, ich lernte das Warten auch und von Grund aus“, schreibt er, „aber nur das Warten auf mich.“ In dem Verhältnis, das ein jeder zu sich selber eingeht, bedeutet das Warten auch eine Chance. Wer es vermag, befreit sich von Zwängen; das Wartenkönnen ist die Tugend der Stoiker und anderer Indianer.

Wer aber von außen gezwungen ist zu warten, der ist beherrscht. Nichts eignet sich besser, „die Leute aufzubringen und ihnen böse Gedanken in den Kopf zu setzen“, als das Warten. Und je länger es dauert, desto schlimmer wird es; es zersetzt die Moral. Es sind die „Zöllner und Krämer und Könige und andren Länder- und Ladenhüter“, denen das Warten auferlegt ist. Und der theokritische Ziegenhirt auch.

Können wir überhaupt leben, ohne zu warten? Das bewusste, ausgehaltene Warten ist eine Kunst, eine Technik der Herrschaft über sich, dann wohl auch über andere. Warten auf den richtigen Moment, warten auf die Sonne, warten auf Zarathustra. Daneben aber gibt es ein anderes Warten; es vollzieht sich ohne Bewusstsein, ohne Wissen und

Maß, ein Schicksal den Unfreien: „in allen Winkeln der Erde sitzen Wartende, die es kaum wissen, in wiefern sie warten, noch weniger aber, dass sie umsonst warten." So wird der Mensch zum Objekt der Zeit.

Und Nietzsche? Er feiert das Warten, den Mittag, die Stunde der stehenden Zeit, er feiert den Moment der Auflösung in Spiel, See, Licht und Schatten, das Warten – „doch auf Nichts". Vielleicht ist es ja möglich, dieses Ziel zu erreichen, Nietzsche jedenfalls sieht es deutlich vor sich: „ganz Zeit ohne Ziel." Gibt es ein schöneres Wort für Glück?

Fürchterliches Leben

Warten macht unmoralisch.[F4]

Unselig heiße ich auch Die, welche immer warten müssen, – die gehen mir wider den Geschmack: alle die Zöllner und Krämer und Könige und andren Länder- und Ladenhüter.

Wahrlich, ich lernte das Warten auch und von Grund aus, – aber nur das Warten auf mich. Und über Allem lernte ich stehn und gehn und laufen und springen und klettern und tanzen.

Das ist aber meine Lehre: wer einst fliegen lernen will, der muss erst stehn und gehn und laufen und klettern und tanzen lernen: – man erfliegt das Fliegen nicht![ZA]

Ich dachte mir das *mir* fürchterlichste Leben aus: das eines Höflings Anwalts Zolleinnehmers Registrators Kassenbeamten Königs Krämers Hausdieners und aller jener, deren Überschuss an Leistung im *Warten* besteht – Warten, bis jemand kommt und spricht – während es nicht möglich ist sich inzwischen besser zu beschäftigen („es geht wider die Pflicht"). Nun bemerke ich, dass die allermeisten überhaupt beschäftigten Menschen in den großen Städten gerade so beschäftigt sind und sich darauf hin ausbilden – dass also dieses pflichtmäßige Warten ihnen sehr erträglich scheinen muss.[F3]

Während der vornehme Mensch vor sich selbst mit Vertrauen und Offenheit lebt [...], so ist der Mensch des Ressentiment weder aufrichtig, noch naiv, noch mit sich selber ehrlich und geradezu. Seine Seele *schielt*; sein Geist liebt Schlupfwinkel, Schleichwege und Hintertüren, alles Versteckte mutet ihn an als *seine* Welt, *seine* Sicherheit, *sein* Labsal; er versteht sich auf das Schweigen, das Nicht-Vergessen, das Warten, das vorläufige Sichverkleinern, Sich-demütigen.[GM]

Fing wohl je ein Mensch auf hohen Bergen Fische? Und wenn es auch eine Torheit ist, was ich hier oben will und treibe: besser noch Dies, als dass ich da unten feierlich würde vor Warten und grün und gelb –

– ein gespreitzter Zornschnauber vor Warten,

ein heiliger Heule-Sturm aus Bergen, ein Ungeduldiger, der in die Täler hinabruft: „Hört, oder ich peitsche euch mit der Geißel Gottes!“ [ZA]

Warten lassen. – Ein sicheres Mittel, die Leute aufzubringen und ihnen böse Gedanken in den Kopf zu setzen, ist, sie lange warten zu lassen. Dies macht unmoralisch. [MA]

Als die Könige dergestalt mit Eifer von dem Glück ihrer Väter redeten und schwätzten, überkam Zarathustra keine kleine Lust, ihres Eifers zu spotten: denn ersichtlich waren es sehr friedfertige Könige, welche er vor sich sah, solche mit alten und feinen Gesichtern. Aber er bezwang sich. „Wohlan! sprach er, dorthin führt der Weg, da liegt die Höhle Zarathustra's; und dieser Tag soll einen langen Abend haben! Jetzt aber ruft mich eilig ein Notschrei fort von Euch.

Es ehrt meine Höhle, wenn Könige in ihr sitzen und warten wollen: aber, freilich, Ihr werdet lange warten müssen!

Je nun! Was tut's! Wo lernt man heute besser warten als an Höfen? Und der Könige ganze Tugend, die ihnen übrig blieb, – heißt sie heute nicht: Warten-können?“ [ZA]

Greis und Tod. – Abgesehen von den Forderungen, welche die Religion stellt, darf man wohl fragen: warum sollte es für einen alt gewordenen

Mann, welcher die Abnahme seiner Kräfte spürt, rühmlicher sein, seine langsame Erschöpfung und Auflösung abzuwarten, als sich mit vollem Bewusstsein ein Ziel zu setzen? Die Selbsttötung ist in diesem Falle eine ganz natürliche naheliegende Handlung, welche als ein Sieg der Vernunft billigerweise Ehrfurcht erwecken sollte: und auch erweckt hat, in jenen Zeiten als die Häupter der griechischen Philosophie und die wackersten römischen Patrioten durch Selbsttötung zu sterben pflegten. Die Sucht dagegen, sich mit ängstlicher Beratung von Ärzten und peinlichster Lebensart von Tag zu Tage fortzufristen, ohne Kraft, dem eigentlichen Lebensziel noch näher zu kommen, ist viel weniger achtbar. – Die Religionen sind reich an Ausflüchten vor der Forderung der Selbsttötung: dadurch schmeicheln sie sich bei Denen ein, welche in das Leben verliebt sind. MA

Lied eines theokritischen Ziegenhirten.

Da lieg' ich, krank im Gedärm, –
Mich fressen die Wanzen.
Und drüben noch Licht und Lärm!
Ich hör's, sie tanzen …

Sie wollte um diese Stund'
Zu mir sich schleichen.
Ich warte wie ein Hund, –
Es kommt kein Zeichen.

Das Kreuz, als sie's versprach?
Wie konnte sie lügen?
Oder läuft sie Jedem nach,
Wie meine Ziegen?

Woher ihr seid'ner Rock? –
Ah, meine Stolze?
Es wohnt noch mancher Bock
An diesem Holze?

Wie kraus und giftig macht
Verliebtes Warten!
So wächst bei schwüler Nacht
Giftpilz im Garten.

Die Liebe zehrt an mir
Gleich sieben Uebeln, –
Nichts mag ich essen schier.
Lebt wohl, ihr Zwiebeln!

Der Mond gieng schon in's Meer,
Müd sind alle Sterne,
Grau kommt der Tag daher, –
Ich stürbe gerne.[IM]

Dauer im Dasein

Das Princip, vermöge dessen der Mensch über die Tiere Herr geworden ist, wird auch wohl das Princip sein, welches „den höchsten Menschen” festsetzt: Macht, Klugheit, Warten-können, Verabredung, Strenge, Krieger-Affekte.[F5]

Das Problem der Wartenden. – Es sind Glücksfälle dazu nötig und vielerlei Unberechenbares, dass ein höherer Mensch, in dem die Lösung eines Problems schläft, noch zur rechten Zeit zum Handeln kommt – „zum Ausbruch“, wie man sagen könnte. Es geschieht durchschnittlich nicht, und in allen Winkeln der Erde sitzen Wartende, die es kaum wissen, in wiefern sie warten, noch weniger aber, dass sie umsonst warten. Mitunter auch kommt der Weckruf zu spät, jener Zufall, der die „Erlaubnis“ zum Handeln gibt, – dann, wenn bereits die beste Jugend und Kraft zum Handeln durch Stillsitzen verbraucht ist; und wie Mancher fand, eben als er „aufsprang“, mit Schrecken seine Glieder eingeschlafen und seinen Geist schon zu schwer! „Es ist zu spät“ – sagte er sich, …[JGB]

Die Umstände fehlen. – Viele Menschen warten ihr Leben lang auf die Gelegenheit, auf ihre Art gut zu sein.[MA]

Warten-können. – Das Wartenkönnen ist so schwer, dass die größten Dichter es nicht verschmäht haben, das Nicht-warten-können zum Motiv ihrer Dichtungen zu machen. So Shakespeare im Othello, Sophokles im Ajax: dessen Selbstmord ihm, wenn er nur einen Tag noch seine Empfindung hätte abkühlen lassen, nicht mehr nötig geschienen hätte, wie der Orakelspruch andeutet; wahrscheinlich würde er den schrecklichen Einflüsterungen der verletzten Eitelkeit ein Schnippchen geschlagen und zu sich gesprochen haben – wer hat denn nicht schon, in meinem Falle, ein Schaf für einen Helden angesehen? ist es denn so etwas Ungeheures? Im Gegenteil, es ist nur etwas allgemein Menschliches: Ajax durfte sich dergestalt Trost zusprechen. Die Leidenschaft will nicht warten; das Tragische im Leben großer Männer liegt häufig nicht in ihrem Conflicte mit der Zeit und der Niedrigkeit ihrer Mitmenschen, sondern in ihrer Unfähigkeit, ein Jahr, zwei Jahre ihr Werk zu verschieben; sie können nicht warten. – Bei allen Duellen haben die zuratenden Freunde das Eine festzustellen, ob die beteiligten Personen noch warten können: ist dies nicht der Fall, so ist ein Duell vernünftig, insofern Jeder von Beiden sich sagt: „entweder lebe ich weiter, dann muss jener augenblicklich sterben, oder umgekehrt." Warten hieße in solchem Falle an jener furchtbaren Marter der verletzten Ehre angesichts ihres Verletzers noch länger leiden; und dies kann eben mehr Leiden sein, als das Leben überhaupt wert ist. MA

Drei Einsamkeiten gibt es: die des Schaffenden, des Wartenden und die der Scham. F4

Lasst euch nicht täuschen! Die tätigsten Völker haben die meiste Müdigkeit in sich, ihre Unruhe ist Schwäche – sie haben zum Warten und zur Faulheit nicht mehr Inhalt genug. F4

Unsere Eruptionen. – Unzähliges, was sich die Menschheit auf früheren Stufen aneignete, aber so schwach und embryonisch, dass es Niemand als angeeignet wahrzunehmen wusste, stößt plötzlich, lange darauf, vielleicht nach Jahrhunderten, an's Licht: es ist inzwischen stark und reif geworden. Manchen Zeitaltern scheint dies oder jenes Talent, diese oder jene Tugend ganz zu fehlen, wie manchen Menschen: aber man warte nur bis auf die Enkel und Enkelskinder, wenn man Zeit hat, zu warten, – sie bringen das Innere ihrer Großväter an die Sonne, jenes Innere, von dem die Großväter selbst noch Nichts wussten. Oft ist schon der Sohn der Verräter seines Vaters: dieser versteht sich selber besser, seit er seinen Sohn hat. Wir haben Alle verborgene Gärten und Pflanzungen in uns; und, mit einem andern Gleichnisse, wir sind Alle wachsende Vulcane, die ihre Stunde der Eruption haben werden: – wie nahe aber oder wie ferne diese ist, das freilich weiß Niemand, selbst der liebe Gott nicht. FW

Die Zeit beherrschen

O Lebens Mittag! Zweite Jugendzeit!
Oh Sommergarten!
Unruhig Glück im Stehn und Spähn und Warten!
Der Freunde harr' ich, Tag und Nacht bereit,
Der neuen Freunde! Kommt! 's ist Zeit!
's ist Zeit! [JGB]

Ihr Alle, denen die wilde Arbeit lieb ist und das Schnelle, Neue, Fremde, – ihr ertragt euch schlecht, euer Fleiß ist Flucht und Wille, sich selber zu vergessen.

Wenn ihr mehr an das Leben glaubtet, würdet ihr weniger euch dem Augenblicke hinwerfen. Aber ihr habt zum Warten nicht Inhalt genug in euch – und selbst zur Faulheit nicht! [ZA]

Das Princip, vermöge dessen der Mensch über die Tiere Herr geworden ist, wird auch wohl das Princip sein, welches „den höchsten Menschen" festsetzt: Macht, Klugheit, Warten-können, Verabredung, Strenge, Krieger-Affekte. [F5]

Nun geht aber völlige Furchtlosigkeit auf einen Mangel an Phantasie zurück; der böse Mensch in diesem Sinne wird immer ein Mensch ohne Phantasie sein. Die Phantasie der Guten war eine Phantasie der Furcht, eine böse Phantasie, – eine andere kannte man noch nicht. Die böse Phantasie sollte die böse Begierde niederhalten, das war das alte Sittengesetz; die beständige Herrschaft der Furcht über die Begierde machte den sittlichen Menschen aus. Daraus entsteht als Anzeichen des Sittlichen die Asketik: Ertragenkönnen, Wartenkönnen, Schweigenkönnen, Hungernkönnen – das ist zum Beispiel die Moralität der Indianer. – Man leitete die verhältnismäßige Sicherheit der Gemeinschaft von der Fähigkeit ab, sich oft und stark unangenehme Bilder vor die Seele zu stellen, vermöge deren man sich der sofortigen Befriedigung schmerzhafter Bedürfnisse enthalten konnte.[F4]

Sils-Maria.

Hier saß ich, wartend, wartend, – doch auf Nichts,
Jenseits von Gut und Böse, bald des Lichts
Genießend, bald des Schattens, ganz nur Spiel,
Ganz See, ganz Mittag, ganz Zeit ohne Ziel.
Da, plötzlich, Freundin! wurde Eins zu Zwei –
Und Zarathustra ging an mir vorbei ...[FW]

Epilog

Epilog. – Aber indem ich zum Schluss dieses düstere Fragezeichen langsam, langsam hinmale und eben noch Willens bin, meinen Lesern die Tugenden des rechten Lesens – oh was für vergessene und unbekannte Tugenden! – in's Gedächtnis zu rufen, begegnet mir's, dass um mich das boshafteste, munterste, koboldigste Lachen laut wird: die Geister meines Buches selber fallen über mich her, ziehn mich an den Ohren und rufen mich zur Ordnung. „Wir halten es nicht mehr aus – rufen sie mir zu –; fort, fort mit dieser rabenschwarzen Musik. Ist es nicht rings heller Vormittag um uns? Und grüner weicher Grund und Rasen, das Königreich des Tanzes? Gab es je eine bessere Stunde, um fröhlich zu sein? Wer singt uns ein Lied, ein Vormittagslied, so sonnig, so leicht, so flügge, dass es die Grillen nicht verscheucht, – dass es die Grillen vielmehr einlädt, mit zu singen, mit zu tanzen? Und lieber noch einen einfältigen bäurischen Dudelsack als solche geheimnisvolle Laute, solche Unkenrufe, Grabesstimmen und Murmeltierpfiffe, mit denen Sie uns in Ihrer Wildnis bisher regalirt haben, mein Herr Einsiedler und Zukunftsmusikant! Nein! Nicht solche Töne! Sondern lasst uns angenehmere anstimmen und freudenvollere!" – Gefällt es euch so, meine ungeduldigen Freunde? Wohlan! Wer wäre euch nicht gern zu Willen?

Mein Dudelsack wartet schon, meine Kehle auch – sie mag ein wenig rauh klingen, nehmt fürlieb! dafür sind wir im Gebirge. Aber was ihr zu hören bekommt, ist wenigstens neu; und wenn ihr's nicht versteht, wenn ihr den Sänger missversteht, was liegt daran! Das ist nun einmal „des Sängers Fluch". Um so deutlicher könnt ihr seine Musik und Weise hören, um so besser auch nach seiner Pfeife – tanzen. Wollt ihr das? [FW]

Dank – Quellen

Ich danke Christiane Seiler für den Spaß beim Suchen.

Unsere Ausgabe stützt sich auf die Kritische Studienausgabe (KSA) der Werke Nietzsches: Friedrich Nietzsche: Sämtliche Werke. Kritische Studienausgabe in 15 Einzelbänden. Herausgegeben von Giorgio Colli und Mazzina Montinari (2., durchgesehene Auflage), Berlin / New York, München 1988.

Die Rechtschreibung wurde in Einzelfällen behutsam modernisiert („gross" wurde zu „groß", „thut" zu „tut", „gieng" zu „ging", „Musse" zu „Muße" etc.) und vereinheitlicht, um eine bessere Lesbarkeit zu erzielen; aus dem gleichen Grund wurden einige der zahlreichen Hervorhebungen der Vorlage eliminiert und Sperrungen durch Kursiva ersetzt.

Die Siglen am Schluss der Zitate beziehen sich wie folgt auf Nietzsches Werke:

AC:	Der Antichrist
EH:	Ecce Homo
F:	Nachgelassene Fragmente (die Ziffern von 1 bis 7 verweisen auf den entsprechenden Fragmente-Band der KSA).
FW:	Fröhliche Wissenschaft
GD:	Götzen-Dämmerung
GM:	Zur Genealogie der Moral
GT:	Die Geburt der Tragödie
IM:	Idyllen aus Messina
JGB	Jenseits von Gut und Böse
MA:	Menschliches, Allzumenschliches
MR:	Morgenröte
UB:	Unzeitgemäße Betrachtungen
VGM:	Zwei öffentliche Vorträge über die griechische Tragödie: Erster Vortrag. Das griechische Musikdrama
ZA:	Also sprach Zarathustra

Eintauchen – Träumen – Entdecken – Genießen

Anselm Grün
Mit Anselm Grün zur inneren Balance finden
Band 5701

Was ist wichtig im Leben? Und: Kann man es lernen, einüben? Darum geht es in dieser kleinen Lebensschule. Mit bisher unveröffentlichten Texten.

Mit Senta Berger ins weite Land der Kindheit
Hrsg. von Senta Berger
Band 5702

Senta Berger hat eine Auswahl ihrer liebsten Texte zusammengestellt, die die hellen und dunklen Seiten der Kindheit erforschen. Mal überraschend, mal vertraut anmutend, laden sie ein zur Reise in ein Land, das jeder kennt und das dennoch oft weit entfernt ist.

Joel ben Izzy
Mit Joel ben Izzy im Zaubergarten des Erzählens
Band 5703

Was wirklich wichtig ist, wird in Geschichten erzählt. Sie können das Leben von jedem von uns verändern. Wie das geht? Davon gerade handeln Joel ben Izzys Geschichten. Klug, warmherzig und verzaubernd: Pures Leseglück!

Immanuel Kant
Mit Kant am Ast der Dummheit sägen
Band 5709

„Es ist so bequem, unmündig zu sein“ – In diesem Band erscheint Kant neu: als verlässlicher Weggefährte durch die Fährnisse eines unvernünftigen Alltags, als Ratgeber bei Fragen der Moral, des Anstands und des Urteilens, als Menschenkenner ohne Scheuklappen.

HERDER spektrum

Verena Kast

Mit Verena Kast die Lebensfreude einladen

Band 5707

Lebensfreude: jeder Mensch hat sie – doch ist sie oftmals gut versteckt. Verena Kast lädt dazu ein, sie wieder zu entdecken. Denn Lebensfreude ist eine wichtige Ressource, die auch durch schwierigere Zeiten trägt.

Robert Lax

Mit Robert Lax die Träume fangen

Band 5705

Robert Lax konzentriert sich auf das Einfache – und auf das Wesentliche. Er erzählt von der Zärtlichkeit, mit der das Leben dem begegnet, der sich ihm anvertraut. Einer, der den Träumen auf der Spur ist – und ermutigt, sie zu verwirklichen.

Dalai Lama

Mit dem Dalai Lama den Tag beschließen

Band 5706

Guter Schlaf macht glücklich! Den Weg zu Ruhe und Gelassenheit finden. Jeden Abend gut beenden. Und jeden Morgen anders aufwachen. Dazu laden diese Texte ein.

Janusz Korczak

Mit Janusz Korczak die Kinderwelt verstehen

Band 5708

Kinder sind das wichtigste, was uns anvertraut ist. Sie zu lieben, ist ihr – und unser Glück. Die schönsten Texte des großen Kinderfreundes. Vorgestellt von Maria Furtwängler.

Rainer Maria Rilke

Mit Rilke ins Herz der Liebe schauen

Band 5704

Rilke über das größte der Gefühle, ein Erfahrener in Sachen Liebe, der Worte für sie gefunden hat, die unmittelbar anrühren – bis heute. Eine populäre Auswahl von Gedichten, Briefen, Prosa.

HERDER spektrum